王学龙　著

制度绩效审计研究

Research on Institutional Performance Audit

中国财经出版传媒集团
经济科学出版社
Economic Science Press
·北京·

图书在版编目（CIP）数据

制度绩效审计研究 / 王学龙著. -- 北京：经济科学出版社，2024. 1
ISBN 978 - 7 - 5218 - 5510 - 4

Ⅰ. ①制… Ⅱ. ①王… Ⅲ. ①效益审计 - 研究 Ⅳ.
①F239. 42

中国国家版本馆 CIP 数据核字（2024）第 009130 号

责任编辑：杜　鹏　武献杰　常家凤
责任校对：王苗苗
责任印制：邱　天

制度绩效审计研究
王学龙◎著
经济科学出版社出版、发行　新华书店经销
社址：北京市海淀区阜成路甲 28 号　邮编：100142
编辑部电话：010 - 88191441　发行部电话：010 - 88191522
网址：www. esp. com. cn
电子邮箱：esp_bj@ 163. com
天猫网店：经济科学出版社旗舰店
网址：http：//jjkxcbs. tmall. com
固安华明印业有限公司印装
710 × 1000　16 开　13 印张　200000 字
2024 年 1 月第 1 版　2024 年 1 月第 1 次印刷
ISBN 978 - 7 - 5218 - 5510 - 4　定价：98. 00 元
（图书出现印装问题，本社负责调换。电话：010 - 88191545）

前　　言

这是一本研究制度绩效审计的书，也是笔者30多年教学、科研与思考的成果集。

一、回到原点再出发

“欲知大道，必先为史。”欲求制度绩效审计之本质，必先对审计进行溯本求源。关于审计的概念，人们普遍认为美国会计学会（AAA）审计概念委员会在1972年发布的《基本审计概念说明》中的定义最为经典：审计是为了鉴证有关经济行为和经济事项的声明与既定标准之间的一致程度，而客观地收集和评定有关证据，并将其结果传达给有关使用者的系统化过程。该定义首次从系统论角度对审计进行了解释，确立了审计“系统论”观。后来，人们在总结审计实践发展需要的基础上，提出了“审计是以系统方法从信息、行为和制度三个维度独立鉴证经管责任履行情况并将结果传达给利益相关者的制度安排”的定义，进一步拓展了审计范围，将信息（报表审计）、行为（经济责任审计）和制度（制度审计）纳入审计范畴，形成更加广义的审计概念。所谓制度审计，是以系统方法从制度角度独立鉴证经管责任中的缺陷制度并将结果传达给利益相关者的制度安排（郑石桥，2018）。再后来，随着审计环境的不断变化和审计理论的创新发展，绩效审计脱颖而出。绩效审计的概念最早见于1948年3月阿瑟·肯特在美国《内部审计师》杂志上发表的研究文献。1953年公布的《英国国家审计法》将绩效审计定义为："检查某一组织为履行其职能而使用所掌握资源的经济性、效率性和效果性情况。"1994年，美国会计总署修订的《政府的机构、计划项目、活动和职责的审计准则》认为："绩效审计就是客观地、系统地检查证据，以实现对政府组织、项目、活动和功能进行独立评价的目标，以便为改善公共责任性，为采用纠正措施的有关各方进行决策以便实施监督。"20世纪90年代以来，随着新公共管理运动的推动，绩效审计目标又由"3E"（经济性、效率性和效果性）增加到"5E"（增加了环境性和公平性），美国绩效审计领域涵盖了政府的有关政策，如对科技、教育、卫生、能源等政策的执行情况进行审计。我国也开展了政策落实跟踪审计，比如2021年修正的《中华人民共和国审计法》第二十六条规定："根据经批准的审计项目计划安排，审计机关可以对被审计单位贯彻落实国家重大经济社会政策措施情况进行审计监督。"至此，制度绩效审计理论探索和实践创新迈上新台阶。

那么，何谓制度绩效审计？所谓制度绩效审计，是指由具有独立性的审计机关及其人员利用专门的审计方法、依据一定的审计标准和程序，客观、系统地对某一特定行业或组织的有关经济制度的合理性、有效性进行审查，目的在于通过有效的审计过程，促进各项制度的制定和运行实现经济性、效率性和效果性目标，从而为实施监督和采取纠正措施的有关各方决策提供信息。可见，制度绩效审计的主体是具有独立性的审计机关及其人员，包括国家审计机关及其人员、内部审计机构及其人员，以及社会审计组织及其人员；其审计范围是某一特定行业或组织的有关经济制度，包括宏（中）观经济制度和微观经济制度；其审计目标是评价某一特定制度制定及其运行的经济性、效率性、效果性、环境性和公平性。

二、制度何以重要

制度（之于经济）是重要的（林毅夫，2000）。制度对人们能在多大程度上实现其经济上和其他方面的目标有着巨大影响，人们通常偏好能增进其选择自由和经济福祉的制度（柯武刚等，2000）。可见，制度具有经济绩效。新制度经济学基本出发点的逻辑是：经济发展的绩效是由人们的经济活动、经济行为造成的，而人们活动、行为的方式和逻辑是由人们的动机决定的；人们的动机则是由他们所生活于其中的制度所诱导、塑造和决定的。因此，一方面，制度是影响经济绩效好坏以及确定经济绩效好坏评价标准的最终决定因素。另一方面，土地、劳动和资本等生产要素因为有了制度才得以发挥功能。

制度的设计与运行是需要付出成本或费用的，即“交易成本”，如果交易成本过高，制度运行和发挥影响的效率就会降低，就可能需要改进制度，或者由别的效率高的制度来取代。制度绩效是指某一项制度实行后给社会福利带来的利益增量。不同制度具有不同绩效，正如一些学者所认为的，制度差异是经济绩效不同的根本原因（North and Thomas，1973；North，1990；Acemogle et al.，2001，2002）。通常，测量制度效益的简单方法是，计量实施制度后消费者支出的减少数量和生产者因效率提高而增加的收益数量的加总数。

制度绩效可以通过审计加以评价。制度绩效的评价标准是预期收益大于预期成本，只有当制度的预期收益大于预期成本时，决策者才会推进制度变革。理性决策者是否选择新的制度取决于制度的绩效，而制度绩效很大程度上取决于其运行成本和实现收益的对比，即一项制度实行后给社会福利带来的利益增量的大小。衡量制度绩效，一方面要看制度制定者的预期收益是否高于其预期成本，即强制推行一种新制度安排的预期边际收益至少要等于其预期的边际费用，此时制度制定者的效益最大化与作为整体的社会财富最大化可能并不一致；另一方面，要看制度执行者在响应由制度不均衡引致的获利机会时的自发性反映，自发性反映的诱因是外在收益的存在。

三、一个理论框架

关于制度绩效审计的研究一直以来没有引起学界的高度重视，相关研究成果也是凤毛麟角。从知网和百度学术上检索，只有寥寥数篇与之相关的学术论文。这充分说明该主题的研究尚处于探索阶段，并未受到学者们的广泛关注。事实上，关于制度审计问题早在 20 世纪 60 年代就已经初见端倪。美国著名的管理咨询师伦纳德 1962 年撰文指出：管理审计是对公司、公共机构或政府机构及其处室的组织机构、计划、目标、经营方式及人力和物力的利用情况所进行的综合性和建设性检查。即管理审计的实质是“制度审计”。除此之外，威廉·坎普菲尔德以及阿伦·塞尔等也认为，管理审计是对管理控制制度的恰当性和有效性进行检查和评价。在我国，郑石桥教授（2018）主编的《制度审计》是国内一部专门讨论制度审计的教材，认为“制度审计是制度持续可靠的保障机制，是制度缺陷的纠错机制”，在此基础上，将制度审计区分为微观制度审计和宏观制度审计两大类，并分别就其理论与实务进行了阐述。

从受托责任的演变规律看，由受托财务责任向受托管理责任转变是历史发展的必然，由此便有了绩效审计的产生与发展。制度绩效审计也是受托责任的产物，内部受托管理责任是微观制度绩效审计的基础，外部受托管理责任是宏（中）观制度绩效审计的基础。制度绩效审计的本质就是由独立性的审计机关及其人员利用专门的审计方法、依据一定的审计标准和程序，客观、系统地对某一特定行业或组织的有关经济制度的合理性、有效性进行审查，目的在于通过有效的审计过程，促进各项制度的制定和运行实现经济性、效率性、效果性、环境性和公平性目标，从而为实施监督和采取纠正措施的有关各方决策提供信息。

本书运用规范研究与案例研究相结合的方法研究了制度绩效审计问题，首先，从制度变迁理论出发，阐述了制度绩效的成本效益分析原理及基本假设和分析思路，引入了制度绩效成本效益分析模型；其次，界定了制度绩效审计的概念，论证了制度绩效审计的理论基础，认为受托责任尤其是受托管理责任是制度绩效审计产生和发展的理论基础；再次，进一步确立制度绩效审计概念要素，包括审计目标、审计类型、审计流程、审计方法和审计评价等；最后，阐述了专项（题）制度绩效审计理论与实务，包括国家审计与政府绩效管理、地方政府专项债券绩效审计、企业负责人经济责任审计评价、审计机关绩效评价、企业环境绩效审计评价、管理绩效审计构想等。

不可否认的是，本书所构建的理论与实务体系，很大程度上遵从了审计理论创新驱动和审计实践脉络，虽然借鉴、参考、引述了大量的经典名著与研究成果，逻辑体系也比较规范、合理，但“万事开头难”“纸上得来终觉浅，绝知此事要躬行”，充其量算作“一个理论框架”。

四、永远在路上

任何一项新生事物从出现到认可并非一帆风顺，总是要经过一个较为漫长的过程，科学的研究也不例外。呈现给读者的这本书，是笔者集30多年教学、科研与思考的结晶。其中，理论部分是在本人硕士研究生学位论文的基础上经过再研究形成的，专题部分大多出自本人主持或参加的各种科研课题阶段性研究成果。

制度绩效审计是一项庞大而系统的工程。由于制度的复杂性（制度制定体现有关各方利益博弈的结果）、系统性（覆盖面广泛、影响力较大）、较长的周期性（制度从制定、实施到终结要经过较长的生命周期），因此，制度绩效审计并非简单之事，需要对其进行系统性、全面性、动态性研究。尽管在体例结构上本书力求全面、系统和前瞻性，却难免存在百密一疏、挂万漏一之实。比如，在微观制度绩效审计专题中，没有涉及内部控制制度有效性评价研究问题，在宏（中）观制度绩效审计专题中，尚未叙及金融政策绩效审计问题，凡此种种，皆因我们对制度绩效审计理解的不足和研究视域、研究时间和研究水平所限，有理由相信，随着我们对制度绩效审计问题的进一步理解，研究视域和研究内容必将得到不断拓展与丰富。

未来的研究应该主要体现在公共政策绩效审计、民生工程绩效审计、社保政策绩效审计、环保制度绩效审计，以及企事业行政单位内部控制制度绩效审计等方面，除了继续完善制度绩效审计理论，更重要的是不断创新制度绩效审计实践，构建制度绩效审计方法体系和评价指标体系。因此，制度绩效审计研究没有终点，永远在路上。

五、写在最后

首先，要感谢我的硕士研究生导师、天津师范大学万全教授。本书理论部分的构想和形成得益于万教授高屋建瓴、一丝不苟的指导，没有他的精心指导，就没有今天的这本拙作。

其次，要感谢我昔日弟子、现兰州财经大学会计学院同事王复美老师，以及本人曾经的研究生弟子杨鹏飞和付惠冉同学，本书部分章节写作过程得到他们资料收集、数据采集和文稿校对等方面的大力支持与协助。如果没有他们专注于此、孜孜以求的科研精神，本书势必苍白无力、难尽如人意。

再次，要感谢多年来关心我、爱护我、并对本书提出诸多建设性意见的各位专家学者，以及为本人提供研究平台的兰州财经大学，没有平台的力量和影响，一切成功都是虚无缥缈的。同时，更要感谢给我力量和信心的家人与朋友，没有亲情的鼓励与支持，前进的道路总是充满坎坷的。

最后，要特别感谢经济科学出版社会计分社杜鹏社长，没有他的鼎力支持，本书的面世或许遥遥无期。

王学龙

2023 年 11 月 18 日于兰州财经大学段家滩家属院

目　录

第1章
绪　　论

1.1　研究背景及意义

1.1.1　研究背景

制度至关重要，这在整个经济学领域是间接达成共识的（戴维·菲尼）。在经济学界，关于制度重要性的认识几近达成共识。马克思在他的政治经济理论著作中，对资本主义制度一方面进行了彻底的揭露和批判，另一方面对它在历史上的进步作用也给予了充分的赞誉和肯定。马克思认为，资本主义制度和其他社会制度一样，它继承了以往社会所创造的生产力，并且在继承的基础上又极大地推动了社会生产力的迅速发展。在现代社会中，资本主义企业积极开展经济民主化活动，吸收职工参与企业的决策，建立工人参加企业管理的制度，这种劳动组织和管理的变化，极大地促进了社会生产力的向前发展。20世纪70年代以来，自奥地利经济学家弗里德里希·冯·哈耶克开创制度经济学研究领域以来，越来越多的专家学者开始关注并不断推动其进一步发展。罗纳德·科斯揭示了经济行为中交易成本的各种后果，詹姆斯·布坎南提出了“公共选择”理论，道格拉斯·诺斯发现了制度之于经济的重要性，威廉·维克里揭示了人具有有限而非对称信息的后果，柯武刚、史漫飞建立了制度经济学理论。

制度之于经济何以重要？第一，制度作为经济理论的第四大柱石（土地、劳动、资本和制度被称为经济理论的四大支柱），能够使决策者了解他们的立场正确与否及其行为的结果，而土地、劳动和资本这些要素，有了制度才能得以发挥功能；第二，有了制度和制度变化，才能合理解释导致经济增长和社会发展的动因，因为从经济增长的技术动因层面看，技术进步与制度变化之间存在着明显的相互影响；第三，制度减少了协调人类活动的成本，因而它对于理解人际交往具有重要价值；第四，制度是经济增长的关键；第五，制度创新能减少交换活动的交易（及生产）成本，从而实现日益复杂的交换活动。

经济学意义上的制度是人们从多次博弈的结果中计算成本—收益作出的选择。任何一项制度安排都处于不断的变迁过程，制度的变迁也称为制度的创新，是实施制度的各个组织在相对价格和偏好变化的情况下，为谋取自身利益最大化而重新谈判达成更高层次的合约，改变旧的规则，最终建立新规则的过程。一项制度安排之所以会被创新，是因为在现有的制度安排下，无法实现潜在收益或者获取外部利润。这里的外部利润包括四个方面的来源，即规模经济、外部性、克服风险、降低交易费用。制度变迁过程中制度变迁的成本与收益之比对促进和推迟制度变迁起着关键作用。如果制度变迁的预期收益超过预期成本，一项制度安排就会被创新。制度变迁的实质就是“外部利润”的内部化，也就是潜在收益的实现过程。可见，制度变迁的成本与收益之比对于促进或推迟制度变迁起着关键作用，只有在预期收益大于预期成本的情形下，行为主体才会去推动直至最终实现制度的变迁，反之亦然，这就是制度变迁的原则。在这里，制度成本包括规划设计、组织实施的费用，清除旧制度的费用，消除制度变革阻力的费用，制度变革及变迁造成的损失，制度的实施成本，相关的随机成本等。制度收益则包括制度实施后有形财富的增长、无形知识的积累以及制度实施失败所生成的经验与教训。

制度设计需要成本。制度设计的成本取决于用于设计新的制度安排的人力资源和其他资源的要素价格。同样，制度安排具有效益。制度安排的效益取决于制度安排影响收入分配和资源配置的效率。当制度安排创造的效益大大超过因创造这些效益而支付的成本时，认为制度具有绩效；反之，则相反。因此，当某项制度安排无法获得潜在的利益时，该项制度的绩效就可能较差，需要进行完善。也就是说，当创立和利用新的制度安排的净预期利益为正时，就会有制度变化的需求。

基于此，对制度绩效进行独立审查评价，以帮助政策制定者适时修改、维护和完善现有制度，从而最大限度发挥制度的优越性、获取制度带来的效益，具有一定的理论价值和实践意义。

广义上说，审计是以系统方法从信息、行为和制度三个维度独立鉴证经管责任履行情况并将结果传达给利益相关者的制度安排。绩效审计作为现代审计的类型，其本质就是对行为和制度的绩效审计。早在 20 世纪 60 年代，美国会计总署率先把注意力转向绩效审计，并通过制定政府审计准则，把审计划分为财务与合规性审计、经济和效益审计、计划项目效果审计三类，其中后两类属于绩效审计的范畴。美国的做法对其他国家产生了很大的影响。20 世纪 70 年代，英国审计总署在议会公共账目委员会的支持下开始尝试经济效益审计，并逐步确立了“价值为本审计”（value for money auditing）。与此同时，加拿大开展了以经济效益为中心的“综合审计”（comprehensive auditing）。1986 年 4 月，最高审计机关国际组织（INTOSAI）在澳大利亚的悉尼发表《关于绩效审计、公营企业审计和审计质量的总声明》，正式要求各国审计机关开展政府绩效审计。

在我国，自 20 世纪 90 年代初以来，在审计署的大力推动下，绩效审计工作稳步推进，成效卓著。特别是近年来开展的政策落实跟踪审计，便是制度绩效审计最直接的实践形式。

在《审计署 2003 至 2007 年审计工作发展规划》中，将“积极开展效益审计，促进提高财政资金的管理水平和使用效益”作为今后五年审计工作的主要任务，提出实行财政、财务收支的真实合法审计与效益审计并重，逐年加大效益审计分量，争取到 2007 年，使投入效益审计的力量占整个审计力量的一半左右。效益审计以揭露管理不善、决策失误造成的损失浪费和国有资产流失为重点，促进提高财政资金管理水平和使用效益，维护国有资产安全。这为我国经济效益审计的发展确立了明确的目标。

《审计署 2006 至 2010 年审计工作发展规划》中提出，要全面推进效益审计，促进转变经济增长方式，提高财政资金使用效益和资源利用效率、效果，建设资源节约型和环境友好型社会；要坚持财政、财务收支的真实合法性审计与效益审计并重，使每年投入效益审计的力量占整个审计力量的一半左右。以专项审计调查为主要方式，以揭露严重损失浪费或效益低下和国有资产流失问题为重点，以促进提高财政资金使用效益和管理水平为主要目标，全面推进效益审计，到2010年初步建立起适合中国国情的效益审计方法体系。这标志着我国经济效益审计发展已经有了明确的“路线图”。

2008年，《审计署2008至2012年审计工作发展规划》首次提出绩效审计，并指出全面推进绩效审计，促进转变经济发展方式，提高财政资金和公共资源配置、使用、利用的经济性、效率性和效果性，促进建设资源节约型和环境友好型社会，推动建立健全政府绩效管理制度，促进提高政府绩效管理水平和建立健全政府机关责任追究制。到2012年，每年所有的审计项目都开展绩效审计。同时，要着力构建绩效审计评价及方法体系，认真研究、不断摸索、总结绩效审计经验和方法，2009年建立起中央部门预算执行绩效审计评价体系，2010年建立起财政绩效审计评价体系，2012年基本建立起符合我国发展实际的绩效审计方法体系。

《“十四五”国家审计工作发展规划》明确提出要积极开展研究型审计，系统深入研究和把握党中央、国务院重大经济决策部署的出台背景、战略意图、改革目标等根本性、方向性问题。要积极开展政策落实跟踪审计，加强对政策的分析研究，提出政策落实跟踪审计项目库意见建议，研究审计重点事项和审计思路。

1.1.2 研究意义

本书主要通过制度变迁理论分析制度供给和需求中的成本效益问题，构建制度绩效审计流程，丰富和完善审计理论。具体表现在以下三个方面。

（1）完善审计理论结构。以往的审计理论研究局限于对静态的、微观的、财务问题展开研究，而对涉及动态的、宏观的、效益问题研究不多，特别是关于制度绩效审计问题更是鲜有研究。随着经济全球化引起的不同制度系统之间竞争的日趋激烈，越来越多的政策制定者开始关注制度安排对经济后果和社会后果的重要性，并开始认识到制度需要培育，因此，对制度绩效进行独立评价就显得尤为重要。而制度绩效审计问题的提出，可以充实审计理论结构，并用来解释审计发展中的某些特殊问题。

（2）丰富审计理论研究方法。审计学是一门综合性学科，隶属于管理学范畴。本书运用制度经济学中的制度变迁理论、交易成本理论分析制度供求中的成本效益问题，利用学科之间的交叉、渗透关系，进一步丰富审计理论研究方法。

（3）提升效益审计理论研究层次。制度绩效审计属于效益审计的范畴，可分为宏观制度绩效审计和微观制度绩效审计两部分。而效益审计由微观向宏观发展是其必然趋势，因此，制度绩效审计问题的提出实现了效益审计突破性发展，大大提升了效益审计理论研究的层次。

1.1.3　研究目标

本书以制度绩效为研究对象，通过运用成本—效益分析方法，分析制度绩效的影响因素，以及开展制度绩效审计的必要性和可行性；以受托责任理论为基础，系统介绍制度绩效审计的概念、种类，以及制度绩效审计的作用；通过总结前人的研究成果，并结合已有的实践经验，构建制度绩效审计流程和制度绩效审计评价标准体系；在上述分析论证的基础上，提出开展制度绩效审计的相应建议。

围绕这一主线，具体目标为：（1）建立系统的制度绩效审计理论体系；（2）利用成本—效益模型分析制度绩效；（3）构建制度绩效审计流程及评价指标体系。

1.1.4　研究方法

本书主要采用规范研究方法，并辅以案例研究法。通过运用成本—效益方法对经济制度进行内生性分析，评价其绩效，旨在揭示经济制度绩效，为制度变迁提供理论支持。由于研究资源和时间等条件的限制，加之制度绩效审计工作在实践中刚刚起步，尚处于局部探索之中，真正意义上的制度绩效审计并不多见，难以取得大量现实案例，因此在研究方法上偏重于规范研究方法。在运用规范研究方法时，广泛收集国内外有关制度经济学、政府规制、绩效审计等相关研究成果，通过归纳、推理和总结，构建一个比较合理的制度绩效审计理论框架，并通过政府环境保护制度的个案研究，评价环保制度绩效，以检验该理论体系的科学性和有效性。

1.1.5 研究框架

本书研究基本框架如图 1 –1 所示。

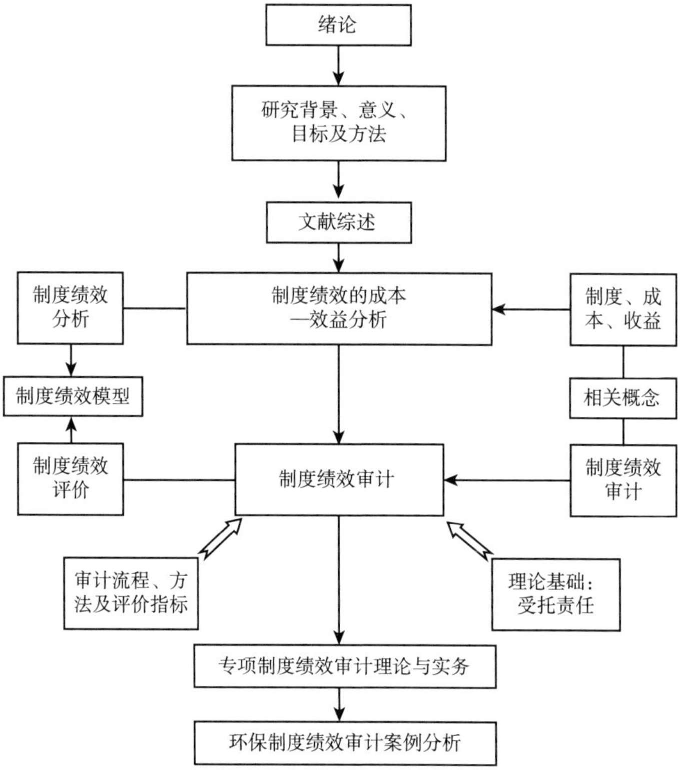

图 1 –1 研究基本框架

1.2 文献综述

1.2.1 国外文献综述

在西方，无论是古典制度经济学还是新制度经济学，他们均认可制度之于经济的重要性，并从不同侧面研究了制度的本质属性。马克思制度经济学理论作为批判性的资本主义制度经济学，其研究的核心是经济制度，市场经济运行规律的研究从属于制度研究，这不仅是马克思经济学也是整个古典制度经济学的基本特征。马克思经济学研究的目的不是揭示市场运行是如何优化资源配置的，而是进一步剖析人类社会制度发展、演变规律的，亦即说明人类社会制度为何演变以及如何演变的。

西方新制度经济学及其流派则从经济运行的角度去研究制度，研究的核心是经济运行中的制度问题。科斯认为，当交易是有成本的时候，制度是重要的。诺斯则认为，从事交易是有费用的，把制度整合到经济理论中去是必需的。他指出，如果政治和经济市场是有效的，也就是说他们的交易费用为零，则他们的选择往往也是有效的；反之，如果在政治和经济市场中存在交易费用，则可能导致无效产权。为了证明这一点，他又进一步研究了人类行为理论和交易费用理论，得出了制度存在的理由和作用，加上生产理论，可分析出制度在经济绩效中的作用。在一个信息完全的世界，是不需要制度的。然而在信息不完全时，合作方案将失败，除非创造出的制度为人们监察背离行为提供了充分的信息。一种制度要保证合作需有两部分：第一，形成一种必要的交流机制形式，以提供知道什么时候进行惩罚的必要信息。通过获取相应的信息，制度使监督成为可能，它们一般能节约信息。第二，由于惩罚常常是一种公共品，在此共同成员能获取收益，而成本却由少数人来承担……创造一种制度环境，以诱致可信的承诺，将能确保一个复杂的制度框架，在此正规规则、非正规制约及实施一起使低成本的交易成为可能。① 由此可知，交易在时空范围内越复杂，制度越显重要，设计成本则会越高。所以，建立一个由第三方监督实施或降低信息费用的自愿制度，就会使交易变得更加容易。布坎南认为，没有合适的法律和制度，市场就不会产生体现任何价值最大化意义上的“效率”。

由此可见，与马克思不同，西方新制度经济学并非直接以资本主义的制度为研究对象，也不是以建构完整的资本主义经济制度理论为目的，它是在运用现有的市场经济理论去解释现实经济运行中发生的矛盾，而这些矛盾的解决又涉及诸如产权等制度问题时，才不得不关注制度的，这就使得新制度经济学始终是从经济运行的角度去研究制度，研究的是经济运行中的制度问题，因此其使用的基本概念、方法和研究角度，都与市场经济运行过程直接相关联，如产权理论、“交易”概念，都是直接从经济运行中提炼出来的概念，所谓的市场经济运行无非是在一定的产权结构下的市场交易行为的复合。

无论如何，市场经济本身就是一个制度的混合物，有些制度使效率增加，有些则使效率减低。因此，需要对制度进行独立监督和适时评价，以降低制度成本，提高制度的效率，使制度走向绩效。

在国外，关于制度绩效问题的研究始于 20 世纪 70 年代中期以来的政府规制（可视为广义的制度，包括法律、规章、制度、政策等）研究，作为规制研究之集大成者，卡恩最早提出了规制的定义，他认为，公用事业的政府规制作为一种基本的制度安排，是指对该种产业的结构及其经济绩效的主要方面的直接的政府规定，比如进入控制、价格决定、服务条件及质量的规定，以及在合理条件下服务所有客户时应尽的义务的规定。② 由于卡恩的定义局限于公用事业领域，并把对竞争市场的政府规制作为一种市场外的制度对待，因此缺乏普遍性。斯蒂格勒认为，规制是国家强制权力的应用③。史普博则认为，“政府规制是行政机构制定并直接干预市场机制或间接改变企业和消费者供需政策的一般规则或特殊行为。”④ 美国政府《12866 号行政命

① 诺斯. 制度、制度变迁和经济绩效［M］. 上海：上海三联书店，1995.

② Kahn, A. E., The Economics of Regulation: Principles and Institutions［M］. New York: Wiley, 1970: 3.

③ 斯蒂格勒. 产业组织和政府管制［M］. 上海：上海人民出版社，1966.

④ 丹尼尔·F. 史普博. 管制与市场［M］. 上海：上海三联出版社，1999.

令：规制的设计与审核》开篇部分更是开宗明义：美国人民需要一种为他们工作的规制制度，这种规制制度的理念是保护和改善美国人民的健康、安全、环境和生存质量，又在没有强加给社会不可接受的或不切实际的成本的情况下，促进经济的增长……这种规制制度是有效率的、协调的、灵活的和易于理解的。我们现在还没有这样一种规制制度。这样一种能促进经济增长、有效率的、协调的、灵活的、企业和个人负担更少的规制制度，正是我们所谓的绩效制度。也正是因为目前绩效制度还不多，制度的效率和效益还没有达到公众的要求，因此，西方发达国家理论界开始关注并致力于绩效制度的研究。

制度审计源于20世纪60年代的管理职业界。美国著名的管理咨询师伦纳德在1962年撰文指出：管理审计是对公司、公共机构或政府机构及其处室的组织机构、计划、目标、经营方式及人力和物力的利用情况所进行的综合性和建设性检查。即管理审计的实质是“制度审计”。除此之外，该观点的代表人物还有美国威廉·坎普菲尔德以及阿伦·塞尔等。他们认为，管理审计是对管理控制制度的恰当性和有效性进行检查和评价，实质上反映了以内部控制为中心的、服务于经营管理的现代管理方式的要求，体现了外部审计向制度基础审计发展对内部审计所产生的影响。这种仅审计内部控制制度的观点，狭义地理解了管理审计的范围，过分强调了内部审计是计量和评价其他管理控制的控制，是内部控制的有机组成部分，同时也过分强调了内部审计师是内部控制或管理控制的专家。

20世纪70年代以后，绩效审计开始在政府审计部门得到推广，研究侧重于介绍“什么是”及“如何开展绩效审计”，如“开展绩效审计的前提条件”（Lennis，1976）、“绩效审计期望的修正——期望模型的运用”（Buck，1992），等等。最高审计机关国际组织在致力于绩效审计的应用与推广的同时，给出了绩效审计的概念。绩效审计是指按照成熟的行政管理原则、实务和管理政策对行政行为的经济性进行监督；对人力、财务和其他资料的利用效率，以及对信息系统、业绩计量和监督工作和被审计单位工作程序的检查，以及对低效的改进；按照是否达到被审计单位的目标以及实际效果是否达到预计效果对效果进行审计。

从上述研究状况看，国外关于制度绩效审计的研究尚处于边缘状态。在管理审计发展的早期，由管理职业界提出的制度审计只能视作对内部控制制度的审计，即微观层面的制度审计，不能概括博大而精深的宏观制度审计。而近年来绩效审计的研究成果，更多偏向于综合审计，虽然具有一定的宏观效益审计的成分，但因缺乏必要的理论支持，难以自成体系。正如布朗（1992）所说，绩效审计理论与实践相比差距很大。

1.2.2 国内文献综述

我国关于绩效审计的研究起步较晚，目前理论界还停留在初级阶段，绝大多数相关研究文献仍以一般性介绍、描述绩效审计发展历程和现状为主，而有关制度绩效审计问题更是鲜有研究。能够体现该领域的研究主要体现在绩效审计相关成果中。羡绪门教授在系统介绍西方管理审计（《西方管理审计导论》，辽宁人民出版社，1990 年）时指出，西方管理审计的提问调查表的内容中包括了对制度和程序的系统性控制（审计）；陈宋生博士在其博士论文《政府绩效审计研究》中首次运用制度变迁理论分析了政府绩效审计变迁的前提条件、变迁的源泉以及改变潜在收益与成本的诸多因素；吕培俭和罗新进（2005）在对我国效益审计发展历程进行回顾的基础上，提出了“效益审计应当注重宏观效益”的论点。郑石桥教授（2018）认为，审计主题包括财务信息、业务信息、特定行为和特定制度，基于这四类审计主题，分别形成财务审计、绩效审计、合规审计和制度审计。作为国内系统性研究制度审计的专家学者，郑石桥教授借鉴国外制度审计理论与实务，对制度审计原理做了系统介绍，形成《制度审计》教材。

综观上述研究成果，我国关于制度绩效审计的研究尚处于绩效审计与重大政策执行跟踪审计研究的从属地位，虽然有专家学者开始关注这一问题并提出了宏观效益审计的思路，但总体来讲，整个研究状况不尽如人意，正如崔彤（2002）所言，绩效审计作为审计的一门独立分支学科，理论尚不成熟，尚需进一步进行深入系统的研究。

第2章 制度变迁的供求理论

任何制度都不是一成不变的，制度变迁是一种制度对另一种制度的替代过程，新的制度往往更有效益（至少在一段时间内）。从形式看，制度变迁是制度的替代、转换和交易过程，它可以被理解为一种更优、效益更高的制度对另一种制度的替代过程；从实质看，制度变迁实际上是一系列正式规则、非正式规则和实施机制发生演变的结果，这种演变可能是十分缓慢和复杂的。制度变迁有其内在机制和外部需求。可见，制度变迁一般是对构成制度框架的正式规则、非正式规则和实施机制三方面的组合所做的边际调整。从制度绩效审计视角探讨制度变迁的机制问题，不失为制度变迁理论的创新与发展。

2.1 制度变迁的内在机制

制度变迁是需要动力的，没有动力制度就不会发生变迁。制度变迁的内在动力是制度变迁主体推动制度变迁的动因或动机，任何一项制度变迁都包含着制度变迁的主体、制度变迁的内在动力以及适应效率等多项因素。但需要排除人的非理性行为，因为制度变迁是人的有意识的行为。考察单个经济主体推动制度变迁的动机需要以特定的、符合现实的人格假设为基础。无论个人、政府还是社会其他利益集团，推动制度变迁都是从自身利益出发。当认为制度变迁对自己有利，即创新的预期收益大于预期成本时，就会积极推动制度变迁。

相对价格是制度变迁内在机制中的一个构成要素。诺斯认为，制度变迁及相对价格的根本变化是该变迁的重要源泉。相对价格包括要素价格比率，如土地与劳动、劳动与资本或资本与土地的比率；信息成本、技术等因素。相对价格的变化就是上述因素的变化，这些因素大多是制度中内生的，它们反映了企业家在政治、经济等方面通过最大努力改变相对价格，从而导致制度变迁。相对价格的变化之所以是制度变迁的内在动力，主要原因在于它改变了人们之间的激励结构，知识和技术的变迁改变了谈判或讨价还价的力量，从而促成了重新缔约的努力。当然，讨论相对价格时不能忽视信息成本的影响，信息成本是交易成本的关键所在，当信息成本高到一定程度时，制度变迁就会发生，因此，制度变迁的结果是信息成本的降低。技术的变化同样是影响制度变迁的一项重要因素。技术变迁与制度变迁是社会与经济演进的基本核心。技术变迁能够产生报酬的递增，从而使组织结构与模式更加复杂化，同时使相应的规则发生变化。工厂制度的产生是技术变迁的直接结果。技术变迁也使城市工业社会得以发展，从而进一步推动了整个社会经济制度的演变。技术变迁增加了制度变迁的潜在利润，同时，技术的发展也降低了制度变迁的操作成本。例如，通信技术的快速发展，使得信息成本大大降低，于是制度变迁中的信息传递成本也就大大降低。

适应效率是制度变迁内在机制中的另一个构成要素。适应效率考虑的是确定一个经济活动随时间演进的各种规则，既涉及那些决定经济长期演变的途径，还涉及一个社会去获取知识、去学习、去创新、去承担风险及所有有创造力的活动。在经济学理论中，资源的分配和使用存在一个配置效率问题，生产要素的重新配置可能产生更高的配置效率。在制度经济学中，制度的演进和变迁也使组织具有适应效率，一种制度对另一种制度的替代应当使组织具有更高的创新愿望和能力。适应效率是检验一个制度是否有效的一个重要因素，适应效率提供了促进分散决策过程以揭示解决问题可选方式的激励手段。有效制度通过允许组织进行分散决策，从而为组织提供一种创新机制。有效制度也能够消除组织的错误，分担组织创新风险，并保护产权，破产法实际上就是消除组织错误的一种制度安排。

以上是经济学理论和制度经济学理论的主流观点，我们认为，任何制度变迁除了具备上述各种内生性要素外，还必须考虑来自监督机制（审计）的推动力量。作为各种游戏规则（制度）的参与者和独立评价者，审计具有实时监督和独立评价制度绩效的职责，这种职责既有内生性（内部审计）成分，也有外生性（外部审计）因素。所以，考量制度变迁的内在机制问题，不能忽略审计的功能。

2.2　制度变迁理论

2.2.1　制度变迁中的产权理论

将产权理论与制度变迁结合是诺斯的一大理论贡献。诺斯认为，科斯等创立的产权理论有助于解释人类历史上交易费用的降低和经济组织形式的替换。根据产权理论，在现存技术、信息成本和未来不确定因素的约束下，在充满稀缺和竞争的世界里，解决问题的成本最小的产权形式将是有效率的。竞争将使有效率的经济组织形式替代无效率的经济组织形式，为此，人类在为不断降低交易费用而努力着。有效率的产权应是竞争性的或排他性的，为此，必须对产权进行明确的界定，这有助于减少未来的不确定性因素并从而降低产生机会主义行为的可能性，否则，将导致交易或契约安排的减少。

产权理论的核心是产权结构，产权结构主要在以下方面推动制度变迁。

首先是依靠产权结构创造有效率的市场。新古典经济学理论认为，市场的有效性只有靠充分竞争。诺斯的研究发现，市场的有效性意味着充分界定和行使产权，它意味着创造一套促进生产率提高的约束变量。面对信息不完全的市场，产权结构及其运行并得到确认能够降低或完全消除不确定性。市场无效率的根本原因是产权结构无效率，因此制度创新的一个重要内容就是产权结构的创新。另外，技术的变化、更有效率的市场的拓展等最终又会引致与原有产权结构的矛盾，于是形成相对无效率的产权结构。这种情况下就需要调整产权结构，进行产权结构的创新。

其次是依靠产权结构推动技术进步。技术进步率的提高，既源于市场规模的扩大，又出自发明者能获取发明收益最大化的可能性。投资于新知识和发展新技术的盈利性需要在知识和创新方面确立某种程度的产权。如果缺乏产权，新技术唾手可得，就会丧失发明的动力。尽管发展新技术的社会收益率总是很高的，但从历史上看发展新技术的步伐却是缓慢的，问题在于不能在创新方面建立一个系统的产权。一套鼓励技术变革、提高创新的私人收益率使之接近社会收益率的激励机制就是明晰创新的产权。商标、版权、商业秘密和专利法都旨在为发明创造者提供某种程度的排他性权利。

2.2.2 制度变迁中的国家理论

国家的存在是经济增长的关键，又是人为经济衰退的根源，这一悖论使国家成为经济史研究的核心。诺斯在制度变迁理论中对产权理论虽然没有多大发展，但独到之处在于将产权理论与国家理论结合起来。因为国家并不是"中立"的，国家决定产权结构，并且最终要对造成经济增长、衰退或停滞的产权结构的效率负责。在诺斯看来，关于制度变迁的国家理论既要解释造成无效率产权的政治或经济组织的内在活动倾向，又要说明历史上国家本身的不稳定性，即国家的兴衰。为此，他把自己的国家理论称为"界定实施产权的国家理论"。

国家理论首先要说明国家的性质。关于国家的性质，政治学和历史学中有各种解释，但归纳起来主要有两种：掠夺论（剥削论）和契约论。掠夺论认为国家是某一集团或阶级的代理者，它的作用是代表该集团或阶级的利益，向其他集团或阶级的成员榨取收入。即国家是掠夺或剥削的产物，是统治者掠夺和剥削被统治者的工具。西方一些社会学家包括马克思主义者就持这种观点。契约论则认为国家是公民达成契约的结果，它要为公民服务，国家在其中起着使社会福利最大化的作用。显然，这两种理论都有一定的道理，都能在历史和现实中找到佐证，但它们均不能涵盖所有的国家形式，因而是不全面的。从理论推演的角度看，国家带有掠夺和契约的双重性。因而诺斯倡导有关国家的“暴力潜能”（violencepotential）分配论。他认为，国家可视为在暴力方面具有比较优势的组织。若暴力潜能在公民之间进行平等分配，便产生契约性国家；若分配是不平等的，则产生掠夺（剥削）性国家。

因此，一个福利或效用最大化的统治者的国家模型具有三个基本特征：第一，国家为获取收入，以一组被称为“保护”或“公正”的服务作为交换；第二，为使国家收入最大化，它将选民分为各个集团，并为每一个集团设计产权；第三，国家面临着内部潜在竞争者和外部其他国家的竞争。诺斯指出，国家提供的基本服务是博弈的基本规则。国家的目的有两个：一是界定形成产权结构的竞争与合作的基本规则，使统治者的租金最大化；二是降低交易费用以使社会产出最大化，从而使国家税收最大化。在历史上的许多阶段，在使统治者的租金最大化的产权结构与减低交易费用促进经济增长的有效率体制之间，存在着持久的冲突。这种基本矛盾是使社会不能实现持续经济增长的根源。也就是说，国家上述两个目的之间存在的冲突并导致相互矛盾乃至对抗行为的出现，是国家兴衰的根本原因所在。

2.2.3　制度变迁中的意识形态理论

西方的经济学理论一直忽视或排除意识形态在经济增长和制度变迁中的作用，其他一些社会学家尤其是马克思主义理论家则十分重视意识形态的作用。诺斯在吸收两种理论精华的基础上，发展了自己的具有意识形态成分的制度变迁理论。诺斯指出，新古典理论不能解释两种行为：一是包括“搭便车”在内的机会主义行为；二是对自我利益的计较并不构成动机因素的行为，即利他主义行为。诺斯的制度变迁理论突破了新古典理论限于严格的个人主义的功利性假设，明确指出变迁与稳定需要一个意识形态理论，并以此来解释新古典理论的个人主义理性计算所产生的这些偏差。

根据诺斯的解释，意识形态是由互相关联的、包罗万象的世界观构成，包括道德和伦理法则。市场机制得以有效运行的一个重要条件是，人们能遵守一定的意识形态。社会强有力的道德和伦理法则是使经济体制可行的社会稳定的要素。意识形态是降低交易成本的一种制度安排。例如，在界定和执行产权的成本大于收益的情况下，不能用产权来解决“搭便车”问题，这时就要靠意识形态来约束人们的行为。再如，政治组织和经济组织确定的规则需要一个遵从过程。遵从也是有成本的。如果对个人的最大化行为缺乏某种制约，产生了过高的遵从规则的成本，这将使政治或经济制度无法安排，那么就需要花费大量的投资去使人们相信这些制度的合法性。在这种情况下，政治或经济制度的安排需要和意识形态相结合。人们之所以能够不计较个人利益而采取服从社会规则的行为，正是意识形态在起作用。在社会成员相信这个制度是公平的时候，由于个人不违反规则和侵犯产权，那么规则和产权的执行费用就会大量减少。

2.3 制度变迁的“路径依赖”问题

路径依赖（path dependence）类似于物理学中的“惯性”，一旦进入某一路径，无论是好的还是坏的，就可能对这种路径产生依赖。其实关于自我增强机制（self - reinforcing mechanisms）和路径依赖的研究，最早是由阿瑟（W. BrianArthur，1988）针对技术演变过程提出的。诺斯把前人关于技术演变过程中的自我强化现象的论证推广到制度变迁方面，提出了制度变迁的路径依赖理论。

可以将“路径依赖”解释为“过去对现在和未来的强大影响”。诺斯指出“历史确实是起作用的，人们今天的各种决定、各种选择实际上受到历史因素的影响”。制度变迁过程与技术变迁过程一样，存在着报酬递增和自我强化的机制。这种机制使制度变迁一旦走上了某一路径，它的既定方向会在以后的发展过程中得到自我强化。所以，人们过去作出的选择决定了他们现在可能的选择。沿着既定的路径，经济和政治制度的变迁可能进入良性的循环轨道，并且得到迅速优化；也可能顺着错误的路径往下滑，甚至被“锁定”（lock - in）在某种无效率的状态而导致停滞。一旦进入锁定状态，要摆脱就十分困难。

决定制度变迁路径的力量来自两个方面：不完全市场和报酬递增（increasing returns）。针对前者，由于市场的复杂性和信息的不完全，制度变迁不可能总是完全按照初始设计的方向演进，往往一个偶然的事件就可能改变方向。针对后者，人的行为是以利益最大化为导向的，制度给人们带来的报酬递增决定了制度变迁的方向。在一个不存在报酬递增和完全竞争市场的世界，制度是无关紧要的；但如果存在报酬递增和不完全市场时，制度则是重要的，自我强化机制就会起作用。因此，制度变迁的自我强化机制非常重要，其有四种表现形式：（1）设计一项制度需要大量的初始设置成本，而随着这项制度的推行，单位成本和追加成本都会下降。（2）学习效应。通过学习和掌握制度规则，如果有助于降低变迁成本或提高预期收益，则会促进新制度的产生和被人们接受。制度变迁的速度是学习速度的函数，但变迁的方向却取决于不同知识的预期回报率。（3）协调效应。通过适应制度而产生的组织与其他组织缔约，以及具有互利性的组织的产生与对制度的进一步投资，实现协调效应。（4）适应性预期。当制度给人们带来巨大好处时，人们对之产生了强烈而普遍的适应预期或认同心理，从而使制度进一步处于支配地位。随着以特定制度为基础的契约盛行，将减少这项制度持久下去的不确定性。

总之，路径依赖对制度变迁具有极强的制约作用，并且是影响经济增长的关键因素。如果路径选择正确，制度变迁就会沿着预定的方向快速推进，并能极大地调动人们的积极性，充分利用现有资源来从事收益最大化的活动，促进市场发展和经济增长，反过来又成为推动制度进一步变迁的重要力量，双方呈现出互为因果、互相促进的良性循环局面。如果路径选择不正确，制度变迁不能给人们带来普遍的收益递增，而是有利于少数特权阶层，那么这种制度变迁不仅得不到支持，而且加剧了不公平竞争，导致市场秩序混乱和经济衰退，这种“锁定”局面一旦出现，就很难扭转，许多发展中国家在这方面教训深刻。因此，制度变迁的国家必须不断解决“路径依赖”问题。

2.4 制度供给与需求

制度，作为人工界的产物，和其他各类人工物（产品、思想、艺术、宗教等）一样，其产生、维持、演化和消亡都可在成本—收益分析的基础上，用供求模式来加以解释。任何一种具体制度的形成和维持，都是对这种制度的供求相互作用的结果。制度供求的内在机理是，制度需求是由制度的社会净效益决定的，而制度供给是由制度的个别净效益决定的。由于制度的社会成本和社会效益与个别成本和个别效益之间存在着差异和矛盾，社会净效益与个别净效益自然也存在着差异和矛盾。

2.4.1 制度需求

制度需求是指在一定时期内社会或组织所需的制度数量和质量的总和。制度需求分为内部需求和外部需求，内部需求是指组织内部为实现帕累托改进效应而产生的内在制度需求；外部需求是制度变迁的利益相关者为实现利益最大化而产生的外在制度需求。人们之所以需要制度，是因为制度能够给人们提供便利、增进人们的利益，这种方便和利益就是制度发挥的功能和作用。

通常，影响制度需求的因素比较多，分别有产品和要素的相对价格、宪法秩序、技术及市场规模。其中：①产品和要素的相对价格。相对价格的变化改变了人们之间的激励结构，同时也改变了人们讨价还价的能力。而讨价还价能力的变化导致了重新缔约的努力。因此产品和要素相对价格的改变是制度变迁的源泉。②宪法秩序。宪法秩序的变化，即政权的基本规则的变化，能够深刻影响创立新的制度安排的预期成本和利益，因而也就深刻影响对新的制度安排的需求。如果有了一套长期有效的制度（规则），经济社会便有了长期稳定与发展的基础和保障。宪法就是一套最基本的规则，构成基本的制度。③技术。技术变化决定制度结构及其变化。技术发展水平及其变化对制度变迁的影响是多方面的。例如，技术进步能降低产权的排他性费用，从而使私有产权制度成为可能。对任何制度的需求都不能离开技术因素。人类对“好”的制度的需求，除了受利益、相对价格等因素的制约以外，还深受技术因素的制约。④市场规模。根据阿罗的定义：交易费用是制度运行的费用。市场规模越大，分工也越细，从而交易费用也会上升。在这种情况下，制度创新可以降低交易费用，从而会增加对制度的需求。

2.4.2　制度供给

制度供给是指制度供给者在给定的主观偏好、利益结构、理性水平、制度环境、技术条件等的约束下，通过特定的程序和渠道进行正式规则创新和设立的过程。制度供给的主体只能是政府。社会行为主体出于理性考虑，需要具有强制性执行特性的行为规则。但是除非这种正式规则由政府提供，否则无法保证其强制性。学校、公司、单位等都可以规定自己的正式规则，也可以看作正式规则的延伸。因为它们的制度不能与政府出台的正式规则相违背，否则将会无效。所以，政府包括中央政府和地方政府是制度供给的唯一主体。

相对制度需求而言，决定制度供给的因素要少得多。理由是不同的人有不同的制度需求，而供给制度的是政府与立法机构。但不能据此认为决定制度供给的过程是简单明了的。由此，我们发现，影响制度供给的一个重要因素是意识形态对于人们的心理、价值判断、行为规范的直接或间接的作用。就意识形态本身而言，它也是一种制度。我们甚至说市场体制本身就是一种意识形态。此外，意识形态也是一种环境，它影响人们对制度的需求与供给；它也是一种资源，需要人们利用、转换、再生、创造。

另外，我们也可以简单地把制度供给归于以制度需求为因变量的函数，表述为：

$$Is = Fs(L, M, T, X, \cdots)$$

其中，L 为社会历史文化环境，M 为市场需求变量，T 为技术创新诱导的制度需求，X 为宪法秩序方面的需求。

需求与供给，对于制度的形成、维持和演化来说，就如同马歇尔的“剪刀的两刃”，是不能分主次的。在任何类型的制度演化中，都离不开供求的相互作用。一项制度的需求者只能是那些认为能够从该制度的实施中获得净收益的人，这是经济人假设的自然推论。同时，一项制度的供给者也将从该制度的实施中获取收益，因此也同时是该制度的需求者。于是，需求者与供给者的差别在于前者（制度需求者）以为自己只能够从某项制度的实施中获得正值净收益，但不可能从它的创立和维持中获得正值净收益，而后者（制度供给者）则是那些认为自己不仅能够从该项制度的实施中获取正值净收益，且能从它的创立和维持中获取正值收益的人。

2.5 制度变迁的供求分析

2.5.1 制度均衡分析

经济学中均衡概念的古典含义有二：第一，对立的供求力量在量上处于均等状态，即变量相等；第二，决定供求的任何一种势力都不具有改变现状的动机和能力，即行为最优或行为确定。

人们现在把均衡的概念扩展到制度框架的描述中，因为只要满足变量相等和行为最优两个条件中的任一条件的经济状态，即可被称为均衡（刘世锦，1993）。

在西方学者那里，制度作为外生变量是给定义的，而且一般被认为不变，并往往作为经济学分析的既定前提。因为有几百年市场经济发展史的西方的确有一整套比较成熟有效的市场制度，因此毫不奇怪，历史主义经济学是在而且仅仅在德国开始了它的艰难历程，而制度经济学者首先也只能从德国的历史学派那里汲取有益的养料。新制度经济学则不然，其基本出发点的逻辑是：经济发展的绩效是由人们的经济活动、经济行为造成的，而人们活动、行为的方式和逻辑是由人们的动机决定的；人们的动机则是由他们所生活于其中的制度所诱导、塑造和决定的。因此，制度是影响经济绩效好坏以及确定经济绩效好坏评价标准的最终决定因素。土地、劳动和资本等生产要素有了制度才得以发挥功能。制度的运行是需要付出成本或费用的，即“交易成本”，如果交易成本过高，制度运行和发挥影响的效率就会减低，就可能需要改进制度，或者由别的效率高的制度来取代。可见，交易费用是新制度经济学的核心范畴。

由此我们可以看到“制度失衡—行为矫正（根据制度调整）—制度均衡”作为一个连续不断发生的过程贯穿在“体制创新”的历史时续中。在某种变量相等现象的背后必有对应的行为最优，否则变量相等就是无法理解的。反过来，在某种行为最优的面前必有某种形式的变量相等，因为行为最优问题是特定利益关系驱动的结果，而这种利益关系是可以表达为某种数量关系的（刘世绵，1993）。因此，我们可以推出一个结论：制度的供给必须满足制度的需求。经济制度与政治制度是社会发展的两个极为重要的相互之间在超过一定界限即不可相互替代的因素，和谐的现状必与和谐的经济制度体系与政治制度体系相适应。政治制度体系内部的均衡、经济体系内部的均衡以及政治制度与经济制度之间的相互均衡构成了“制度均衡的帕累托最优境界”。

在这里，运用帕累托最优理论对制度均衡进行描述是完全合适的，有现实上和理论上的逻辑根据。在历史的进程中，社会改革之所以成为必要，是因为政治制度与经济制度两者的各自内部均衡以及政治制度与经济制度之间的均衡或其中至少一对均衡被打破了。因此，“制度创新”就成了改革的一项重大内容。制度创新必须追求的目标是使制度体系重新实现均衡。重新均衡了的制度与在这种制度作用下的现实经济发展速度、产业结构、就业水平等是相吻合的。

2.5.2　制度质量分析

所谓制度质量，是指制度体系的性质、构成、实施程度及其绩效的总称。现实中并不缺乏制度，但缺乏高质量的制度。研究表明，制度质量越高，则宏观经济政策的运行效率就越高；反之，制度质量越低，则宏观经济政策的运行效率越低。可见，一国经济绩效不仅取决于制度数量，更取决于制度质量。

通常，对制度质量的测度与分析，可以从以下三个层面进行。

一是对制度体系进行比较研究，从而分析制度质量的高低。制度体系对经济发展的影响是不一样的，尽管我们对不同制度对经济发展的影响进行度量还比较困难，但包容性制度与汲取性制度对经济影响的差异还是比较明显的。有学者在研究中发现，制度结构的选择对经济效率和增长有深远的影响。将法律条例、个人财产、资源市场配置相结合的开放社会，与那些自由被限制和剥夺的社会相比，其增长率是后者的 3 倍，其效率是后者的 2.5 倍。需要注意的是，即使在同一制度体系下，制度质量也是不一样的，因此，制度绩效也不尽相同。

二是对制度绩效的研究。效率是衡量制度绩效的常用指标，即所谓帕累托最优。计量分析表明，更好的产权保护、更强有力的法律、更高的信用度与更好的经济绩效之间是相关的。诺斯（1995）研究认为，好的制度应该可以降低社会运转的交易成本或者说租金损失，而由于利益和认知的限制，产生较高无谓损失的制度在现实中往往无法被改变。于是，无论是按照社会财富最大化还是适应性效率的标准，高交易成本的制度都降低了该社会的经济效率。

三是制度指数化研究。制度的效率对经济有着直接的影响，但是在估算制度对经济影响程度的过程中会遇到无法将制度量化的问题。为此，可以将制度指数化，建立一个制度效率的评价体系。通常，一套制度测算体系应该由 9 个指标构成：政治框架变动的可能性、社会稳定性、竞争团队上台执政的可能性、劳动力的稳定、与邻国的关系、恐怖主义、法律体系的公正性、政府部门和官僚主义作风、贪腐。

| 第 3 章 |

制度绩效的成本—效益分析

3.1 相关概念释义

3.1.1 制度

何谓制度？不同学者从不同角度作出了相应的解释。马克思从生产实践活动出发，将制度的形成归结为一定生产关系以及与这种生产关系相适应并维护这种生产关系的社会机构和规则的确立过程，认为制度的本质就是在社会分工协作体系中不同集团、阶层和阶级之间的利益关系。诺斯（1994）则认为，制度是一个社会的游戏规则，或更规范地说，它们是为决定人们的相互关系而人为设定的一些制约，包括“正规约束”（例如规章和法律）和“非正规约束”（例如习惯、行为准则、伦理规范），以及这些约束的“实施特性”。柯武刚等（2000）认为，制度是人类相互交往的规则，它抑制着可能出现的、机会主义的和乖僻的个人行为，使人们的行为更可预见并由此促使着劳动分工和财富创造。青木昌彦（2002）认为，制度是一种社会建构，在同一域还可能存在其他社会建构的情况下，它代表了参与人内生的、自我实施的行动决策规则的基本特征，参与人重复性博弈策略互动的依据，因而制度变迁可以界定为这样一种情况，即参与人行动决策规则的博弈选择，连同相关的共同信念，同时发生一种基本的变化。

我们认为，制度一词应当有广义和狭义两层含义。就广义而言，在一定条件下形成的政治、经济、文化等方面的体系就是制度（或叫体制），如政治制度、经济制度、社会主义制度、资本主义制度等。就狭义来讲，制度是指一个系统或单位制定的要求下属全体成员共同遵守的办事规程或行动准则，如工作制度、财务制度、作息制度、教学制度等。本书所讨论的制度主要是指经济制度，既包括广义的经济制度（在此可称为宏观经济制度），又包括狭义的经济制度（亦即微观经济制度）。

3.1.2 制度经济

制度（之于经济）是重要的（林毅夫，2000）。制度对人们能在多大程度上实现其经济上和其他方面的目标有着巨大影响，人们通常偏好能增进其选择自由和经济福祉的制度（柯武刚等，2000）。可见，制度具有经济效益。人们为了进一步研究经济生活与制度之间的双向关系，从而建立了制度经济学这门学科。制度经济学涵盖了经济学与制度之间的双向关系，它既关心制度对经济的影响，也关心制度在经济经验影响下的发展①。

3.1.3 制度成本

制度必然产生成本。一项制度从建立到完全起作用，需要一段很长的时间，而在这段时间内，还要不断付出新的成本。这种成本就是新制度的“贴现率”。所以，在决定建立某项制度之前，除了要考虑到建立制度的成本之外，还要考虑到从建立起制度到制度完全发挥作用中间的“贴现成本”。因此，从经济学角度看，制度成本包括以下几种。

一是制度运作的直接成本，又分为制度设计成本和运行成本。制度设计成本主要包括制度制定机构对有关信息的调研和收集成本、分析成本以及制定成本。我们知道，制度制定机构在收集和分析信息等方面需要耗费大量的

① 柯武刚，史漫飞．制度审计学［M］．北京：商务印书馆，2000：35.

人力、物力、财力和时间等资源，而在制定过程中又需要经过对制度的听证、设计、颁布、修正等一系列复杂的过程，仍然需要耗费一定的经济资源，这些耗费即为制度设计成本。制度运行成本是指为了促进制度的有效运行而付出的代价，又分为事中成本和维护成本两部分。

二是制度实施影响经济效率而产生的相关费用。主要有效率成本（指生产者剩余和消费者剩余的净损失，它表明一项制度偏离其预期轨迹所造成的经济效率损失）、转移成本（指获益从一方转移到另一方，它反映了制度实施或改变时获益者和受损者的情况，实际上是社会财富在不同社会成员间的重新分配）和反腐成本（指监管机构为了防止和查处制度制定与实施过程中的寻租、设租行为而付出的费用）。

三是制度的机会成本。制度的机会成本实际上反映了制度对社会的贡献与社会为它所付出的代价之间的差别。换言之，制度机会成本是指选择了最优制度而放弃了次优制度的收益。通常，制度的机会成本可通过以下几种方法来测量：通过对各项制度的效果比较来测量，如对实行某项制度与实行另外一项制度所产生的社会福利效果进行比较，或通过制度实施前后经济效率的比较来测量，或者通过放松制度前后的经济效率的比较来测量。

四是制度的寻租成本。制度制定者往往因为各种原因接受一定的贿赂，由此产生了制度的寻租成本。只要存在制度，寻租成本就不可避免。

总之，制度必然产生一定的成本，本书所说的制度成本，主要是指制度的设计成本、运行成本和制度实施影响经济效率而产生的相关费用。

3.1.4　制度效益

制度效益是指某一项制度实行后给社会福利带来的利益增量。不同制度具有不同绩效，正如一些学者所认为的，制度差异是经济绩效不同的根本原因（North and Thomas，1973；North，1990；Acemogle et al.，2001，2002）。通常，测量制度效益的简单方法是，计量实施制度后消费者支出的减少数量和生产者因效率提高而增加的收益数量的加总数。消费者支出的减少数量可以通过不存在制度条件下的垄断价格和实施制度后的价格之差，乘以所有消费者购买某种被制度化的产品或服务的数量来测量；而生产者因效率提高而增加的收益数量既可以按照整个制度化产业效率提高后成本下降、收益增加的总量来测度，也可以对制度化企业增加的收益逐一计量，然后加总以测度制度收益。

目前学术界大多是从消费者剩余和生产者剩余方面来测量制度效益。由于制度在一定程度上改变了社会资源的配置，因此，制度效益的大小就可以通过对制度化前后资源配置的效率进行比较来衡量，而资源配置效率又可以通过消费者剩余和生产者剩余的净增量来衡量，由此可见，制度效益是指一项制度实行后给社会福利带来的利益增量。

3.2 制度绩效评价

3.2.1 制度绩效评价的必要性和可能性

制度是政府或经济组织对社会经济进行管理的一种手段和工具，其必要性已得到普遍的认同。但是，在制度运行过程中，由于制度的制定或执行等方面的主客观原因，一些制度仍然难以达到预期的效果，如过多过滥的制度、呆板过时的制度以及缺乏绩效的制度等，导致社会经济资源配置的低效率，对社会经济发展产生了消极的阻碍作用。为此，进行制度绩效评价，为制度创新提供科学的决策依据，具有一定的现实意义。

首先，制度经济学为制度绩效评价提供了理论支撑。诺斯（1994）认为，制度变迁的诱因在于主体获取最大的潜在收益，即外部收益。这一收益是在现有制度安排下无法获取的，目的在于使外部收益内在化，以求达到帕累托最优状态。程虹（2000）认为，新制度之所以不能取代旧制度，并不是外部收益不能为人们所认识，而是将这种外部收益内部化过程本身需要花费成本。成本费用如果不能均摊，或使创新收益与创新者的利益密切相关，那么制度变迁即使有外部收益，也依然会维持旧制度不变，从而导致制度变迁在时间上出现滞后状态。可见，评价一项制度是否具有绩效，旧制度能否被新制度所替代，关键在于其收益是否大于成本。这也为评价制度绩效提供了科学的理论支持。

其次，成本—效益分析法为制度绩效评价提供了技术支持。成本—效益分析法通过建立科学的成本收益模型，运用成本与收益的关系，来评价某一项目的绩效，因此，比较适合对制度绩效的评价。可在现实中，由于制度成本和收益难以准确地测度，导致其较少得到很好的应用。事实上，如果不对制度进行成本—效益分析，就难以准确评估某一制度是否产生了绩效以及绩效的高低，不利于对制度进行改革。因此，运用成本—效益分析法对制度进行分析评价，有利于促使制度的不断完善和持续创新。

最后，政府法规为绩效评价提出了原则要求。2004 年我国政府颁布的《全面推进依法行政实施纲要》第十七条明确提出要积极探索对政府立法项目尤其是经济立法项目的成本效益分析制度。政府立法不仅要考虑立法过程成本，还要研究其实施后的执法成本和社会成本。可见，虽然我国还没有专门的法律要求对制度进行成本—效益分析，但也充分说明我国政府已经开始重视并且希望对制度的成本—效益分析进行尝试、探索，这必然对制度绩效评价提出了原则性要求。

3.2.2　制度绩效评价的意义

随着政治民主化、行政法制化进程的加快，社会公众对政府绩效的关注越来越多。制度作为一种高效的管理方式，正是对社会绩效要求的回应，同时也是政府管理社会、配置资源方式的改善和提高。因此，制度绩效评价对降低管理成本、促进社会经济发展、优化资源配置等，均具有十分重要的意义。

首先，通过制度绩效评价，有助于促使制度制定者树立绩效意识，转变治理理念。众所周知，将绩效作为衡量制度优劣的重要标准，有利于使制度的制定者树立起绩效意识，在建章立制时，能够自觉地将绩效作为准绳，进行必要的调研、分析，并用成本—效益法来判断一项制度是否应该出台，制度的范围和规范化要求是否合理等；在制度实施过程中尽量降低制度成本，提高制度效率。

其次，通过制度绩效评价，有助于降低制度成本，提高制度收益。任何制度都是有成本的，一项好的制度往往可能因为成本过高而不为理性经济人所采纳，因此，以最小的成本获取既定的收益是制度绩效评价的唯一标准。而通过制度绩效评价，可以促使制度的制定者讲求成本效益原则，尽量做到成本小于其收益，并且力图实现成本最小化而收益最大化。此外，通过制度绩效评价，有助于社会资源的合理配置，对促进社会经济的发展具有重要的意义。

最后，通过制度绩效评价，有助于强化监管，促进制度创新。评价是监管的重要手段，通过制度绩效评价，可以对现行制度在运行中是否存在制度不足、制度过多或制度“越位”、制度滞后、制度绩效低下甚至无绩效等情况进行判断，从而增强制度的透明度，降低制度的寻租成本，提高其运行的效率和效果，为促使制度完善和创新提供依据。

3.3 制度绩效的成本—效益分析

3.3.1 基本假设及分析路径

正像其他经济分析一样，本书首先进行理性决策者假设，这个假设认为决策者以自己的利益最大化为目标，并且可以清楚地计算其行为的成本和收益。本书所说的决策者主要是指作为制度制定者的组织和个人。本书中的制度是指一系列被制定出来的社会经济制度，包括宏（中）观制度和微观制度。本书中的制度成本是指制度设计成本和运行成本以及制度实施影响经济效率而产生的相关费用。

本书的分析路径是：制度绩效的评价标准是预期收益大于预期成本，只有当制度的预期收益大于预期成本时，决策者才会推进制度变革。理性决策者是否选择新的制度取决于制度的绩效，而制度绩效很大程度上取决于其运行成本和实现收益的对比，即一项制度实行后给社会福利带来的利益增量的大小。衡量制度绩效，一方面，要看制度制定者的预期收益是否高于其预期成本，即强制推行一种新制度安排的预期边际收益至少要等于其预期的边际费用，此时制度制定者的效益最大化与作为整体的社会财富最大化可能并不一致；另一方面，要看制度执行者在响应由制度不均衡引致的获利机会时的自发性反映，自发性反映的诱因是外在收益的存在。可见，本书所遵循的研究思路是合理兼顾制度变迁两种模型，即诱致性制度变迁和强制性制度变迁，并以制度绩效作为最终评价标准。

3.3.2　成本—效益分析模型

（1）制度效益分析。制度效益是指一项制度实行后给社会福利带来的利益增量。一般认为，一项制度的效益大小取决于该制度建设的有效程度，制度建设越完善，则所花费的制度设计成本越高。在制度设计成本很低的情况下，社会上存在大量低效甚至无效制度，此时制度上的漏洞是非常明显的，即使增加数量不大的制度设计成本，也可以相应增加制度效益；而在制度设计成本投入已很高的经济中，其法律制度、金融制度等已很健全，此时制度的效益也将非常明显。所以我们认为，单位制度设计成本所带来的制度效益的增量，是随制度设计成本增加而递减的，即制度效益与制度设计成本呈现倒数的指数变动关系，可用数学公式表示为：

$$R = I = a\left(\frac{1}{SC}\right)\alpha \qquad (3-1)$$

其中，I 表示制度收益，SC 表示制度设计成本，a 表示一个大于 0 的常数，α 大于 1。

（2）制度成本分析。制度成本主要包括两部分，一是制度设计成本；二是制度运行成本。前者又包含制度的寻租成本和机会成本，往往较小且难以测量，因此在本书研究中尚未考虑；后者主要是指制度的实施成本和制度实施影响经济效率而产生的相关损失。这类损失主要包括受法律惩罚的损失、经济损失、精神损失、未来收益损失等，因此制度成本可由两个因素决定——制度的实施成本和违反制度被发现后所承担的损失，而这两个因素又取决于制度建设水平，即所投入的设计成本（SC）的大小，所以制度成本将随制度设计成本的提高而提高。更进一步，在制度设计成本很低的情况下，制度所存在的漏洞很容易被发现，弥补这些漏洞的成本不高，此时只要少量的制度设计成本的增加，便可大幅度提高制度成本；而在制度设计成本很高的情况下，制度存在的漏洞已不明显，要弥补这类漏洞需要花费较大的制度设计成本，此时制度设计成本很大的提高只会引起制度成本很小的提高，所以我们认为，单位制度设计成本所带来的制度成本的提高，是随制度设计成本增加而递减的。这一关系可表示为：

$$C = bSC^{\beta}(b > 0, 0 < \beta < 1) \quad (3-2)$$

其中，C 表示制度成本，SC 表示制度设计成本，b 表示一个大于 0 的常数，β 大于 0 小于 1。

（3）制度成本—效益关系。由制度收益公式（3－1）和制度成本公式（3－2），可以得出制度收益和成本的关系，即：

$$I = ab^{\alpha/\beta}/C^{\alpha/\beta}(\alpha/\beta > 1) \quad (3-3)$$

由公式（3－3）可以看出，公式（3－1）中 I 和 C 呈反比例变动，由于 I 和 C 同是由制度设计成本决定的，制度设计成本的提高，同时降低了制度收益和提高了制度成本；公式（3－2）中因为 $\alpha/\beta > 1$，制度的收益成本曲线凹向原点，这表示单位制度成本所带来的制度收益减少的绝对量，是随制度设计成本增加而递减的。

进一步，令 I = C，即令公式（3－1）、公式（3－2）两式相等，不难得出：

$$SC_1^* = (a/b)^{1/(\alpha+\beta)} \quad (3-4)$$

SC_1^* 表示使 I = C，即制度收益和制度成本相等的均衡制度设计成本水平，当实际的 $SC \geq SC_1^*$ 时，$I \leq C$，即制度收益小于或等于制度成本，此时制度绩效欠佳；而当实际的 $SC < SC_1^*$ 时，$I > C$，即制度收益大于制度成本，此时制度绩效非常明显。

（4）制度成本—效益分析。从长远来看，制度成本与制度收益之间也符合边际收益递减规律。如果用 I 表示制度收益，C 表述制度成本，则 I 是 C 的函数，即 $I=f(C)$。很明显，该函数是递增函数，即 $f'(C)>0$，随着制度成本（制定成本和实施成本）的增大，制度收益也随着增大。由单调递增函数 $I=f(C)$ 可知，在制度成本较低的情况下，经济与社会发展中存在的问题就会很多，此时略微提高制度成本则可大幅度提高制度收益；当制度成本非常高时，经济社会中存在的问题已不明显，提高制度成本只会带来很小一部分的制度收益。当制度收益 I 与制度成本 C 相等时，有方程 $C=f(C)$，解此方程可得解 C1，C1 表示政府的制度收益和制度成本均衡时的管理成本水平。当实际的 $C \leqslant C1$ 时，$I \geqslant C$，政府的制度收益大于或等于制度成本，此时政府大幅度提高制度成本是有利的，C 可以一直提高到 C1；当实际的 $C>C1$ 时，$I<C$，政府的制度收益小于制度成本，此时政府将不再努力提高制度成本。因此，从理论上看，当制度的边际成本等于边际收益时，可以实现一个最优状态。

| 第4章 |

制度绩效审计理论要素

4.1 制度绩效审计相关概念及理论基础

4.1.1 制度绩效审计的概念

(1) 绩效审计。关于绩效审计，各国叫法不尽一致。美国叫作“三E”(或“五E”) 审计，英国叫作“价值为本审计”，加拿大叫作“综合审计”，澳大利亚叫作“效率审计”，瑞典叫作“效果审计”，我国称为“经济效益审计”。为此，最高审计机关国际组织于1986年发表的《关于绩效审计、公营企业审计和审计质量的总声明》中提出了统一的概念——绩效审计，并将绩效审计定义为：“一种对被审计单位使用资源以履行其职责的经济性、效率性、效果性的审计。”而美国会计总署发布的《政府审计准则》中关于绩效审计的定义为：“就是客观、系统地坚持证据，以实现对政府组织、项目活动和功能进行独立评价的目标，从而增强公共责任性，为实现监督和采取纠正措施的有关各方决策提供信息。”

在这里，经济性 (economy) 是指支出是否节约，即在产出保持不变的情况下，投入的最小化。如产品成本降低率、材料、工时、能源单耗降低率等。效率性 (efficiency) 是指支出的合理性，即投入量变动与产出量变动之比，综合反映经济活动合理、有效的程度。如销售利润率、总资产报酬率等。效果性（effectivness）是指支出是否值得，即在投入保持不变的情况下，产出的最大化。如销售增长率、产值增长率等。

（2）制度审计。美国管理咨询师伦纳德（1962）率先提出了制度审计一词，并给出了一个恰当的定义：对公司、公共机构或政府机构及其处室的组织机构、计划、目标、经营方式及人力和物力的利用情况所进行的综合性和建设性检查。除此之外，该观点的代表人物还有美国的威廉·坎普菲尔德，以及阿伦·塞尔等。他们坚持管理审计是对管理控制制度的恰当性和有效性进行检查和评价，实质上反映了以内部控制为中心的、服务于经营管理的现代管理方式的要求，体现了外部审计向制度基础审计发展对内部审计所产生的影响。

我国郑石桥教授（2018）认为，制度审计是以系统方法从制度角度独立鉴证经管责任中的缺陷制度并将结果传达给利益相关者的制度安排。可见，制度审计离不开经管责任，审计的主题是制度，审计的核心内容是鉴证制度缺陷，是一种有系统方法的制度安排，审计结果要传达给利益相关者。在现实中，内部审计人员经常执行“遵循性审计”，其目的在于确定组织对政策、程序、标准或者法律和政府法规的遵守程度。遵循性审计从性质来讲就属于制度审计，正如《审计学辞典》中称管理审计是对政府部门或企业管理活动的有效性和内部控制制度的评价与监督活动。

（3）制度绩效审计。“绩效”一词从语义学的角度看，指的是“成绩、成效”；从管理的角度看，是指“从过程、产品和服务中得到的输出结果，并能用来进行评估和与目标、标准、过去的结果以及其他组织的情况进行比较”。[①] 如果用绩效来衡量制度，则反映的是制度绩效；如果对制度绩效进行独立检查与评价，则为制度绩效审计。基于此，我们得出以下关于制度绩效审计的概念：所谓制度绩效审计，是指由具有独立性的审计机关及其人员利用专门的审计方法、依据一定的审计标准和程序，客观、系统地对某一特定行业或组织的有关经济制度的合理性、有效性进行审查，目的在于通过有效的审计过程，促进各项制度的制定和运行实现经济性、效率性、效果性、环

① 龙晓龙云．绩效优异评估标准［M］．北京：中国标准出版社，2002.

境性和公平性目标，从而为实施监督和采取纠正措施的有关各方决策提供信息。

可见，制度绩效审计的主体是具有独立性的审计机关及其人员，包括国家审计机关及其人员、内部审计机构及其人员，以及社会审计组织及其人员；其审计范围是某一特定行业或组织的有关经济制度，包括宏（中）观经济制度和微观经济制度；其审计目标是评价某一特定制度制定及其运行的经济性、效率性、效果性、环境性和公平性。

4.1.2 制度绩效审计的理论基础

制度绩效审计就其性质而言属于管理审计的范畴，作为现代审计的一种形式，管理审计产生的动因是受托责任，因此，制度绩效审计的理论基础仍然为受托责任。那么，何谓受托责任？受托责任与制度绩效审计之间具有什么关系？

关于受托责任，不同专家学者提出了各种观点。

美国奥斯汀德克萨斯大学商学院的威廉·威格·库珀教授（W. W. Cooper）和卡内基—梅隆大学工商管理学院的伊尻雄治（Yuji Ijiri）在《科氏会计辞典》中的定义：“雇员、代理人或其他人定期报告其行动或行动上的失败，以继续行使委任权力的责任。……法律、规章、协议或惯例所强加的证明良好管理、控制或其他业绩的义务。”

可见，这种“责任”多由于资源的委托和受托行为而发生，而责任的解除则以人事上是否继续给予托付和信任的形式来表达，所以称为“受托责任”。通常，受托责任包括货币受托责任、业务受托责任和财产受托责任。其中，货币受托责任指与流动资产流动及由此而发生的业务活动的责任。会计在传统上着重关注流动资产的流动，亦即收益和费用的报告、流动资产的来源及由此而发生的业务活动。业务受托责任即某一组织的管理者有效使用全部资产和资源的责任。与之相配合的审计是业务审计或综合审计。财产受托责任即看管和报告资产的存在、存放地点、用途及其情况的责任，特别是可移动的固定资产和小型工具以及因各种原因而尚未资本化的项目。

此外，伊尻雄治在其专论三式记账法的著作中进一步探讨了受托责任问题，并指出，责任人和委托人之间的受托责任关系，是通过各式各样的手段建立起来的，诸如宪法、法律、规章、合同、组织规划、习惯或者非正式的道德义务等。不管受托责任关系是怎样的，责任人总是要根据责任关系，把他或她的活动及其结果，向委托人交代明白。受托责任一般要求责任人通过记账来交代他或她的活动及其结果，并把总括资料报告给委托人。

加拿大学者詹姆斯·卡特（James Cutt）在《加拿大综合审计理论和实务》中指出，受托责任系指一种可负责的状态，或对某些具体行为或隐含的任务在形式上的责任。

这种一般意义的受托责任有两种表现形式：程序性受托责任（是指根据事先确立好的标准来编制财务报表，并由审计证明其公正性，以此决定受托人是否值得信赖，并解除其受托责任）和结果性受托责任（是指对各种资源是否得到经济而有效的利用结果而确立的责任）。

英国学者格雷、欧文和蒙德尔斯认为，受托责任系指对所负责的行为事项提交账目（不一定是财务账目）或计算的义务、要求或责任。

日本学者片野一郎教授在《新版会计学大词典》中对受托责任作了恰当的描述：一定的经济主体赋予其财产管理者保管和运用所有财产的权限，并要求他们负起管好、用好这些财产的责任，从而产生了一系列会计事实……记录和计算这些会计事实，把记录和计算的结果同当时的财产实况进行核对，并对其全部过程作出详细说明，以解除财产管理人受托管理财产的责任。

我国会计学家杨时展教授（1990）认为，受托责任是由于委托关系的建立而发生的。受托责任主要包括以下四点：严格按照委托人的意图，最大善意地完成任务；用最经济、有效、严密的方法保管和使用由于完成托付的任务而获得的资源。建立必要的会计和内部控制制度，将完成的任务和因此而发生的资源的收支的结果据实向委托人报告。为了便于提出报告，接受审查，平常应对任务完成的情况，资金、资源收支使用的情况进行记录。为了证明这些记录是实在的，要保存一切足以证明完成受托责任情况的各种证据。

王光远（1996）教授认为，第一，一般受托责任关系涉及两个当事人，一是委托人，另一是受托人或代理人。第二，受托人所承担的责任可依据法规、合约和惯例等来加以规范，亦即要有衡量受托责任完成情况的标准。第三，受托责任的内容具有可计量性。第四，由审计师独立地审查各种受托责任报告，并就受托责任的完成情况发表一个客观性意见。第五，现代受托责任关系中的委托人可以是投资人、债权人、股东、纳税人、消费者，也可以是高一级的政府和高一级的管理当局；受托人可以是公司的董事会、总经理、部门经理，也可以是不同级别的政府部门及其官员。

关于受托责任与审计的关系在学术界已达成较大的共识。

杨时展（1990）教授认为，审计因受托责任的发生而发生，又因受托责任的发展而发展。麦肯齐（W. J. M. Mackenize，1996）教授认为，没有审计，就没有受托责任；没有受托责任，也就没有控制；倘若没有控制，国家权力又安在？英国牛津纳菲尔德学院的特里克尔教授认为，公司危机引起扩大受托责任的需求，而这种需求引起扩大审计职能的需求。考西（D. Y. Causey，1981）教授在研究公证会计师的职业责任时指出，只要存在某种委托—受托关系，就存在对该种关系的审计，虽然不同的经济制度使得全球不可能形成一个统一的审计模式，但这种委托—受托关系审计的职能，对任何一种经济制度都是非常必要的。英国格拉斯哥大学教授戴维·弗林特（David Flint，1988）认为，作为一种近乎普遍的真理，凡存在审计的地方，必存在一种受托责任关系，受托责任关系是审计存在的重要条件。审计是一种确保受托责任有效履行的社会控制机制。约翰·格林（1987）认为，审计是根植于受托责任关系的一个过程。内部审计之父劳伦斯·索耶（1988）认为，审计发生与发展的原因是多方面的，但从某种程度上说是源于受托责任。利特尔顿（1953）认为，审计职能就在于研究、审核和评价受托人对委托人所赋予之受托责任的履行情况；审计应对受托责任报告加以测试；应审核包括现金要素在内的许多要素的综合受托责任；由股东投资形成的公司资产的受托责任，向来就是重要的审计问题。日本的河口秀敏（1994）撰文指出，审计的历史就是顺应财产的委托—受托关系的存在而产生与发展起来的；审计的存在可以看作一种解除受托财产管理责任的方法。

由此可见，制度绩效审计是受托责任由受托财务责任向受托管理责任发展的产物，没有受托责任，就没有审计；没有受托责任的演变，就没有制度绩效审计的产生和发展，因此，受托责任特别是受托管理责任是制度绩效审计产生和发展的理论基础。

4.2 制度绩效审计的意义

国外成功的绩效审计实践经验表明，绩效审计不仅适合用来为公共部门设置障碍或对它们进行批评，而且还有助于管理层发现隐蔽的成本、预测运作所带来的影响、设计更好的管理方法或者使财务职能在高层管理过程中更富有活力。[①] 在我国，政府对经济的管理经过几十年的不断探索和改革，已初步形成一套适应社会主义市场经济体制需要的、较为完整的制度体系。这一制度体系的建立过程是与我国社会主义经济的发展历程相联系的，是具有中国特色的制度体系。因此，我国现行的经济制度实质上是计划经济体制下政府对市场活动以及市场主体实施行政垂直管理的延续，具体表现为如下三个方面。

第一，制度权力分散，导致制度过多过滥，许多制度成为无绩效或低绩效的制度。

第二，经济性制度的程度较高，使得市场主体的效率尤其是国有企业的效率普遍不高。

第三，制度制定机构在制定制度过程中，较容易被“俘虏”而产生“寻租”和“创租”行为。

因此，制度绩效审计具有十分重要的现实意义：一方面，有利于促进政府管理部门特别是制度的制定者适应市场经济发展的要求，促使它们为实现各自的管理目标，紧紧围绕提高效率和效果而不断改进工作，加强内部控制，实现最佳管理；另一方面，通过开展制度绩效审计，也有利于加强对被

① 雅米尔·吉瑞赛特．公共组织管理——理论与实践的演进［M］．上海：上海译文出版社，2003.

审计单位的监督与控制，促使它们经济、节约地使用各种资源；同时也有利于弥补传统财务审计的不足，从根本上解决传统审计“治标不治本”的不足，达到标本兼治的效果。

4.3 制度绩效审计的种类

根据制度制定者的级次及涵盖的范围，制度绩效审计可分为宏（中）观制度绩效审计和微观制度绩效审计两大类。

4.3.1 宏（中）观制度绩效审计

所谓宏（中）观制度绩效审计，是指由政府审计机关及其人员依据一定的标准，对有关部门、行业或系统内部有关经济制度的建立及运行的合理性、经济性、效率性和效果性所进行的独立检查和评价，旨在提高宏观制度绩效，实现社会资源的优化配置。宏（中）观制度绩效审计属于宏观经济效益审计的范畴，其审计主体为国家审计机关；审计客体为宏观经济政策、经济活动方案、计划及其内部控制制度等；审计目标是评价宏观经济制度的健全性、合理性和效益性，以促进宏观经济提高效益，控制宏观经济运行风险。比如我国自 20 世纪 90 年代中期以后开展的对地方和党政领导干部的任期经济责任审计、对财政预算执行情况及其结果的审计、对地方政府和公共机构的管理效率和内部控制的审计等，均属于宏（中）观制度绩效审计。

4.3.2 微观制度绩效审计

所谓微观制度绩效审计，是指社会审计组织或内部审计机构依法接受委托或授权，对被审计单位有关经济管理制度及其内部控制的健全性、合理性和有效性所进行的独立检查和评价，旨在加强内部管理，提高经济效益。

通常，微观制度绩效审计根据审计主体不同，可分为外部制度绩效审计和内部制度绩效审计两种。

（1）外部制度绩效审计。外部制度绩效审计是指会计师事务所及注册会计师依法接受委托，就被审核单位管理层对特定日期与财务报表相关的内部控制有效性的认定进行审核，并发表审核意见。由于内部控制是一种管理过程，并可实现以下目标：财务报表的可靠性、经营的效率与效果、对法律和法规的遵循，因此，注册会计师需要对与财务报表相关的内部控制进行审核。注册会计师对内部控制的审核，目的是明确被审核单位管理层建立健全内部控制并保持其有效性的责任。

（2）内部制度绩效审计。内部制度绩效审计是指内部审计机构及其审计人员经过授权，依据一定的标准，就被审计单位对有关政策、程序、标准或者法律和政府法规的遵守程度，以及内部控制的合理性、适当性和有效性所进行的审计。中国内部审计协会2014年颁布的《第2201号内部审计具体准则——内部控制审计》，明确要求内部审计要对组织有关政策、程序、标准或者法律和政府法规的遵循性以及内部控制的合理、适当和有效性进行审查评价。

4.4　制度绩效审计流程

制度绩效审计流程即绩效审计程序，是指由独立审计机关依法开展具体绩效审计工作的先后步骤和内容。最高审计机关国际组织1998年在蒙特维地亚召开的世界审计组织会议上通过的《世界审计组织效益审计指南》将绩效审计程序概括为战略计划、审计开始、初步调查、实施审计、后续审计。克里斯托弗等将欧洲国家的绩效审计程序列示如下（见图4－1）[①]。

由于各国审计体制的不同，绩效审计程序不尽相同。根据国际通行惯例，并结合我国审计发展的实际状况，本书将制度绩效审计流程按宏（中）观制度绩效审计和微观制度绩效审计分别展开论述。

---

① Christopher pollitt, Xavier girre, Jeremy Lonsdate, et al. ［M］. Performance or Compliance? Performance Audit and Public Management in Five Countries ［M］. Oxford: Oxford University Press, 1999: 8.

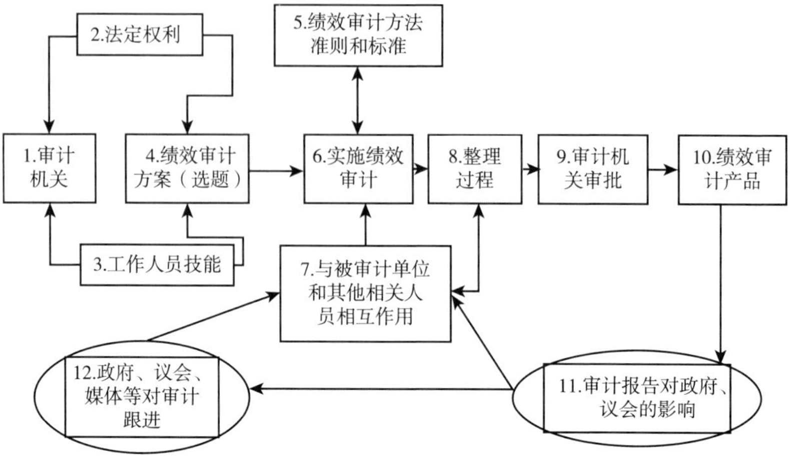

图 4－1　欧洲国家绩效审计程序

4.4.1　宏（中）观制度绩效审计流程

宏（中）观制度绩效审计流程一般包括。

（1）审计项目的选择和确定。审计项目的建立又称为审计立项，是审计组织确定被审计单位和审计项目的过程。由于宏（中）观制度绩效审计的特殊性，因此在选择审计立项时，应坚持可行性和重要性原则。所谓可行性，是指审计项目的选择必须与审计主体的胜任能力、审计客体的内外部环境条件、审计目标的可实现性以及审计技术方法的可运用性等相关联。重要性是指该审计项目对所在地区、部门、行业或单位的经济效益产生影响的程度，包括对本地区、行业国民经济有重大影响的原有或新的经济制度，对本地区、行业环境保护有重大影响的原有或新的环保制度等。只有符合可行性和重要性原则的审计项目才具有绩效评价的意义和可能。

（2）审计方案和预算的编制。宏（中）观制度绩效审计是一项系统工程，需要耗费一定的人力、物力、财力和时间，因此需要制定较为合理有效的审计方案。在制定审计方案时，更需要讲求成本效益原则。比如，要证实某项制度的成本效益，就应检查该项制度的成本是否真实、影响成本变动的主要因素是什么、各变动因素与合理水平的差异以及成本效益的高低优劣等，从而制定分层次、明晰化的审计方案，以便指导审计工作，提高审计效率。

（3）测试和检验管理系统和程序。通过对现有文件的审阅以及对使用者、维护者、管理者等人员进行访谈，对与审计目的相关的每一项功能和效果进行测试和检验。审计人员应根据选定的审计依据对制度绩效进行评价，以确定该制度是否产生绩效以及绩效的大小；对未产生绩效或绩效较低的制度，应进一步分析其原因，为形成审计意见和建议提供审计证据。

（4）形成审计结论和建议草稿。该项工作的关键是对支持审计结论的证据的证明力和充分性加以评价，同时还应考虑所提建议是否可行、实施成本的高低等。因此，审计人员需要同被审计项目的管理者讨论审计结论和建议，以使争议降到最低程度。

（5）提交审计报告。制度绩效审计报告是审计人员在审计工作结束时就有关制度设计和运行的合理性、效益性发表审计意见、做出审计评价和提出审计建议的一种书面文件。制度绩效审计报告应当体现“三性”原则，即针对性、可行性和时效性，并突出建设性思想。审计报告应当及时发出，使被审计单位及其他有关组织能够及时利用信息。

（6）进行后续审计。后续审计也叫后续跟进，是在审计报告发出后，为检查被审计单位对审计报告所提建议及意见是否采纳并有适当的措施，而采取的审计行为。因此，后续审计作为制度绩效审计程序的有机组成部分，具有不可替代的作用，一方面，通过后续审计来验证审计结论和审计建议的正确性；另一方面，检查、了解审计建议的采纳、执行情况及效果。

4.4.2　微观制度绩效审计流程

微观制度绩效审计流程与宏（中）观制度绩效审计流程大同小异，而不同审计主体开展微观制度绩效审计的流程亦有所别，本部分主要介绍内部审计进行制度绩效审计工作的流程。

（1）选择审计事项，建立审计项目。选择和确定制度绩效审计项目需要考虑以下因素：①预计审计效果的大小，即开展制度绩效审计项目的收益，包括是否促进被审计单位提高经济性、效率性和效果性；是否改进被审计单位的服务质量；是否促进被审计单位更有效地计划、控制和管理；是否进一步明确经济责任，提高绩效信息的透明性、准确性等。②管理风险的高低，包括管理部门没有针对以往审计后提出的控制薄弱环节进行改进；公众或媒体的批评意见；预计目标未能实现；频繁的人事变动；大量的资金不足或亏空；项目的变更；管理人员职责不明；项目本身的复杂性或不确定性；疏于监督等。③重大影响力，包括对社会、经济和环境的影响以及受公众关注的程度等。④审计成本和可操作性。

（2）编制审计方案。制度绩效审计方案的编制需要考虑以下因素：被审计事项本身的特点；审计环境（被审计单位配合情况）；对被审计事项了解的充分性以及审计人员的经验等。

（3）深入调查，详细了解情况。了解的内容包括：被审计单位的基本职责和业务范围；被审计单位的财政、财务隶属关系、资源状况和管理方式；被审计单位的主要活动和内部控制情况；与被审计单位相关的外部环境等。了解的目的是合理确定绩效审计的目标、范围和重点。

（4）测试分析，收集审计证据。审计人员可以运用绩效审计方法收集审计证据，以便形成审计工作底稿。制度绩效审计证据应当突出充分性、可靠性和相关性等特征。

（5）编制审计报告，通报审计结果。编制审计报告的基本步骤包括：起草审计报告初稿；与被审计单位进行沟通，征求被审计单位意见；修改审计报告，向审计组织提交审计报告；审计组织复核审计报告，并对审计报告进行修改；审计组织审定审计报告，出具审计报告等。

（6）实施后续审计。后续审计的目标是对审计效果和审计质量进行检查和评价，以确定审计决定的落实情况和审计建议的采纳情况。

4.5　制度绩效审计方法

审计方法对于制度绩效审计工作而言非常重要，是决定审计项目是否成功的关键因素。最高审计机关国际组织在《世界审计组织绩效审计指南》中指出："最高审计机关应该用各种最新审计方法武装自己。"瑞典国家审计局也认为："新的需求不断代替旧的需求，条件也在不断改变，绩效审计师必须主动适应这种变化，在审计工作中重新考虑轻重缓急，使用新的审计技术和方法。"英国审计署明确要求审计师采用严谨的审计方法，以便提供生动的和经得起推敲的审计发现和结论，并为此将审计方法分为定量分析法和定性分析法。我们认为，制度绩效审计方法既包括传统财务审计的方法，如审阅书面文件资料法、访谈法、抽样调查法和实地观察法等，又包括现代绩效审计特有的技术方法——分析性复核法。分析性复核法又可分为定量分析法和定性分析法，其中，定量分析法有比率分析法、比较分析法、时间序列分析法（如趋势分析法、指数平滑法等）、量本利分析法、成本效益分析法、回归分析法、成本效果法、价值分析法、净现值与净现值率法、内含报酬率法、投资回收期法、目标评价法、目标成果法、事前事后法、杠杆法、评分法等。定性分析法有内容分析法、程序分析法和案例分析法等。

由于制度绩效审计的多样性和复杂性，其技术方法亦较特殊。因此，在充分借鉴加拿大审计署审计方法的基础上，结合制度绩效审计的工作实际，我们构建以下关于制度绩效审计特有的方法体系。

4.5.1　成本效益分析法

成本效益分析法是对某一制度成本和效益（或反效益）之间关系的研究，其目的是确定被审计单位某一制度所获得的效益是否超过其成本。实践中，首先，要详列某一制度的成本与效益，并运用贴现方法将这些成本与效益折成现值；其次，要在各备选方案中选择一个最佳实施方案，然后对照既定的标准，评价该项制度的绩效；最后，对该制度进行机会成本分析，最终评价其绩效。可见，在应用成本效益分析法时，不仅应考虑有形成本效益，而且应考虑无形成本效益；不仅应关注历史成本效益，而且应关注未来成本效益。

4.5.2　直接审计结果法

直接审计结果法主要是对照事先制定的目标来评价实际执行结果，直接审计结果法认为取得的结果满意时，说明内控制度和实际执行过程中的漏洞或风险小，如果审计发现最终结果没有达到预期目标，就要对其活动的内控制度和流程进行必要的检查，找出存在问题的原因。

4.5.3 审计内控制度法

审计内控制度法主要审查被审计单位是否有完善的内控制度，以确保实现预期效益目标。审计内控制度法通过检查被审计单位内控制度的关键点，以确定制度设计的合理性和内控制度是否被真正执行。如果内控制度有效，就意味着被审计单位执行效益可能是令人满意的；当确定内控制度存在缺失时，审计人员应进一步确定原因及其对效益计划目标的影响。可见，审计内控制度法为最后在审计报告中提出审计建议，促进被审计单位改进内部管理奠定了坚实的基础。

4.6 制度绩效审计评价

4.6.1 制度绩效审计评价模型

实践证明，制度绩效审计的基本原则是制度收益大于制度成本，只有当制度建设收益大于制度建设成本时，才有可能减少甚至杜绝违规行为。

制度建设收益可分为显性收益和隐性收益，显性收益是指减少了因违规行为而导致的经济利益的直接损失，通常，制度建设的显性收益等于违规者所能获得的收益；隐性收益的存在是因为制度收益是一种社会收益，由于违规的负外部性，所以制度建设存在很大的隐性收益。无论是显性收益还是隐性收益，它们将随着制度建设成本的提高而提高，如用 SB 表示制度建设收益，则 SB 是制度建设成本 SC 的函数，即 $SB = f(SC)$。更进一步，在制度成本很低的情况下，因缺少制度约束和监管，违规现象会很严重，由此产生的经济损失也很大，此时稍微提高制度建设成本则可大幅度提高制度建设的显性收益和隐性收益，即制度收益；而当制度成本较高时，违规现象已不明显，提高制度成本只会换来很小一部分的制度收益，即制度成本的边际收益是递减的，这种关系可以用下列公式表示：

$$SB = kSC\gamma \tag{4-1}$$

其中，k 为一个大于 0 的常数，$0<\gamma<1$。

进一步，令 SB = SC，由公式（4 - 1）可得出：SB = SC = k ×（SC）γ，即：

$$SC\times 2 = k1/(1-\gamma) \tag{4-2}$$

SC ×2 表示使 SB = SC，即制度收益和制度成本相等时的均衡制度成本水平，当实际的 SC < SC ×2 时，SB > SC，此时提高制度成本是有利的，SC 可以一直提高到 SC ×2；反之，当实际的 SC > SC ×2 时，SB < SC，此时提高制度成本是不可取的。

根据上述分析，可得出以下结论：政府或其他组织是否加强制度建设取决于制度建设成本和制度建设收益的对比关系，在制度建立初期，制度的收益往往大于其成本；而在制度建设基本完善后，再加大制度建设成本的投入量则会使得制度收益小于其成本。因此，制度绩效审计评价的唯一标准是制度建设成本大于或等于其收益。

4.6.2　制度绩效审计评价标准

制度绩效审计评价标准是指评价某一制度绩效状况的判断尺度。最高审计机关国际组织认为绩效审计有三种标准，即与合理的行政原则、惯例和管理政策相一致的行政行为的经济性；效率性；效果性。但近年来，西欧各国却正在将审计评价的侧重点逐步转移到效果领域，比如英国国家审计署的绩效审计内容为：确定政策目标以及实施方法所依据的信息的准确性、可靠性和完整性；政策目标是否作了明确的规定并向负责实施的人员通报；比较低级的运作目标、指标及重点的合理性及连贯性；管理信息系统以及为监测目标实施结果并采取必要的行动所做的其他安排；直接评价实现目标的经济性、效率及效益，包括未预见的副作用；在政策目标实施过程中有关经济性、效率及效益但在其他情况下不必向议会报告的重要证据①。而荷兰审计局也从 1995 年开始检查政府政策的“货币价值”以及“住房政策”领域。这充分说明西欧各国审计机构对绩效审计标准的三个方面并非平均用力，而是有所区别的。为此，欧洲关于绩效审计的研究小组在对各国的审计报告进行分类研究的基础上，提出了绩效审计评价标准框架：经济性；效率性；效果性；良好管理实践；良好治理；服务质量；完成目标；其他②。

基于此，我们认为，制度绩效审计评价标准应当分为以下五个方面：效果性标准；经济性标准；效率性标准；良好制度标准；良好行为标准。其中，前三个为“3E”标准，即通用标准，后两个为制度设计和运行标准，即专用标准。

确立了评价标准，就应当构建相应的评价指标。由于制度绩效审计是一项十分复杂的系统工程，因此，其评价指标应当既包括经济、效率与效果方面的内容，也包括公平、公正与透明方面的内容；既要注重经济制度成本与收益方面的指标，也要注重社会制度与环境制度成本与收益方面的指标。为此，制度绩效审计评价应当包含以下内容：经济性评估要求政府或其他组织要树立成本意识，节约开支，少花钱多办事；效率性评估要求对政府或其他组织的投入与产出之比进行测定；效果性评价则要求对组织工作的性质和社会最终结果进行测定。因此，如何结合我国绩效审计的特点，建立一套合理、科学、有效的、涵括宏（中）观制度绩效评价和微观制度绩效评价，既有经济效益指标、社会效益指标、生态环境效益指标，又有定量指标和定性指标的评价指标体系，是搞好制度绩效审计工作的前提和基础。

---

① 邢俊芳，陈华，等．最新国外效益审计（上）［M］．北京：时代经济出版社，2004．

② Christopher pollitt，Xavier girre，Jeremy Lonsdate，et al.［M］．Performance or Compliance? Performance Audit and Public Management in Five Countries［M］．Oxford：Oxford University Press，1999．

| 第 5 章 |

国家审计与政府绩效管理研究

政府绩效管理是政府治理的重要举措，而由国家审计对政府绩效管理实施评价是实现政府良治的重要手段。本部分从国家治理和“免疫系统”的角度对国家审计与政府绩效管理问题进行了深入研究，认为现代国家审计是民主与法治的工具，在政府绩效管理中发挥内部控制和独立评价的作用。国家审计在促进政府绩效管理方面发挥作用的主要途径是开展绩效审计，即通过对政府公共财政绩效、公共项目绩效、公共政策绩效以及机构和人员绩效的评价，实现对政府履行公共受托责任的综合评价。此外，本部分对如何有效发挥国家审计在政府绩效管理方面的作用提出了对策建议。

5.1 引　言

5.1.1 研究背景

政治制度与经济管理体制的有机统一是马克思主义中国化的重要体现，也是指导中国经济体制改革不断发展的理论依据。随着我国经济体制改革的不断深入，行政管理体制改革也逐步提上日程。行政体制改革的核心目标是对政府实施绩效管理，建设服务型政府。党的二十大报告提出，法治政府建设是全面依法治国的重点任务和主体工程。转变政府职能，优化政府职责体系和组织结构，推进机构、职能、权限、程序、责任法定化，提高行政效率和公信力。事实上，早在党的十七大报告就明确提出了行政管理体制改革要着力转变政府职能、理顺关系、优化结构、提高效能，形成权责一致、分工合理、决策科学、执行顺畅、监督有力的行政管理体系。同时报告还对加快行政管理体制改革作出了部署：要加快行政管理体制改革，提高政府效能，完善政府绩效管理体系；建立以公共服务为取向的政府业绩评价体系，以就业、社会保障、生态环境、社会治安、教育卫生等公共服务指标考核干部政绩；建立政府绩效评估机制，对政府各部门的工作进行考评，考评内容主要包括履行职能和转变职能的情况、落实中央和国务院指示情况、部门之间互相配合情况、公共服务情况等；建立规范的公共支出制度，切实降低行政成本，严格控制行政管理费支出，防止行政管理费支出增长过快，加快建设节约型政府；加快推进电子政务，优化各级政府和部门的运作方式和工作流程，全面建立高效政务服务体系；研究建立绩效预算制度和绩效审计制度，逐步形成政府绩效管理的长效机制。此外，党的十七届二次会议通过的《关于深化行政管理体制改革的意见》也明确提出，推行政府绩效管理和行政问责制度。建立科学合理的政府绩效评估指标体系和评估机制。健全以行政首长为重点的行政问责制度，明确问责范围，规范问责程序，加大责任追究力度，提高政府执行力和公信力。《中共中央关于深化行政管理体制改革的意见》指出，要建立行政问责制度和绩效评估体系。党的十八届二中全会指出，转变政府职能是深化行政体制改革的核心。党的十八届三中全会强调，经济体制改革的核心问题是处理好政府和市场的关系，使市场在资源配置中起决定性作用和更好发挥政府作用，其关键就是转变政府职能。2018 年中共中央、国务院印发了《关于全面实施预算绩效管理的意见》，要求审计机关要依法对预算绩效管理情况开展审计监督，财政、审计等部门发现违纪违法问题线索，应当及时移送纪检监察机关。可见，推行政府绩效管理制度，加强政府预算绩效管理，已经成为当前我国政府体制改革的一个重要内容和措施。

事实上，我国自 20 世纪 90 年代以来，地方政府绩效管理实践已经开展起来，比如，2001 年南京市政府开展的万人评议机关活动，2000 年厦门市政府推行的机关效能建设，厦门市思明区历经四年时间开发的“公共部门绩效评估”系统，2004 年甘肃省开发的“第三者评价模式”等。从总体上看，我国地方政府绩效管理实践活动经过多年的实践，取得了一定的成效，特别是在促进政府管理观念的转变、提高政府公共管理水平和公共服务质量等方面，成效尤为显著。为实现对政府绩效管理的考量与评价，财政部于 2011 年 4 月 2 日印发了《财政支出绩效评价管理暂行办法》，对绩效评价的对象和内容，绩效目标，绩效评价指标、评价标准和方法，绩效评价的组织管理和工作程序，绩效报告和绩效评价报告，绩效评价结果及其应用等作了具体的规定。这无疑对开展政府绩效管理具有十分重大的现实意义。

为落实党中央、国务院关于建立绩效预算制度和绩效审计制度的指示精神，《审计署“十二五”审计工作发展规划》明确规定，要全面推进绩效审计，促进加快转变经济发展方式，提高财政资金和公共资源管理活动的经济性、效率性和效果性，促进建设资源节约型和环境友好型社会，推动建立健全政府绩效管理制度，促进提高政府绩效管理水平和建立健全政府部门责任追究制。同时，要构建和完善绩效审计评价及方法体系。不断摸索和总结绩效审计经验和方法，2012 年底前建立起中央部门预算执行绩效审计评价体系，2013 年底前建立财政绩效审计评价体系和其他审计绩效审计方法体系。《审计署“十三五”审计工作发展规划》要求着力推动提高发展质量和效益。要把绩效理念贯穿审计工作始终，综合分析经济效益、社会效益和环境效益，促进加快转变经济发展方式，实现更高质量、更有效率、更加公平、更可持续的发展。可以说，上述规划为我国国家审计参与政府绩效管理制定了时间表和路线图，也为研究国家审计与政府绩效管理问题提出了具体要求。

5.1.2　研究意义

在理论上，本研究有利于从公共管理、公共受托责任和免疫系统论视角揭示国家审计的本质特征和发展规律，剖析政府绩效管理与国家审计的内在关系，挖掘国家审计在政府绩效管理中发挥作用的机制与途径，构建适应政府绩效管理评价要求的国家审计模式、目标、标准及方法等理论体系。由此可见，本研究一方面对于丰富和发展国家审计理论具有一定参考价值，另一方面对完善政府绩效管理理论、实现政府良治具有较为重要的促进作用。而且，从国家审计职能及其作用发挥的角度来说，研究国家审计如何促进政府的绩效管理也具有重要的理论意义，因此，本研究能够为我国各级政府审计机关开展政府部门绩效审计以及促进政府绩效管理提供理论和方法上的指导，并能够丰富和深化审计理论与方法。

在实践上，本研究有利于建立绩效预算制度和绩效审计制度，实现对政府绩效管理的监督与评价；有利于深化政府公共管理体制改革，推进国家治理有序健康发展，实现政府良治。同时，本研究有利于国家审计转型期的正确决策，实现由传统的合规性审计向绩效审计的合理转变。

5.2 研究回顾与概念辨析

5.2.1 研究现状评析

（1）政府绩效管理研究评析。在西方，由于受新公共管理思想的影响，各国对政府绩效管理的重视由来已久，并且进行了各种有益的探索与实践，取得了一定的成效。在美国，1993 年通过的《政府绩效与成果法》（GPRA）标志着对政府绩效管理进入实质性运作阶段。综观美国政府绩效管理实践历程，其特点是以顾客及目标管理为导向进行制度设计，强化机关的战略规划，评析外在环境变迁和内部执行力，根据组织的核心价值来确立组织理念和愿景，制定中期发展目标和战略，进而引导施政和资源分配；绩效计划由试点向一般推广；紧密结合政府年度施政计划；引导各级员工参与，并进行公开咨询及外部评价运作；保持绩效计划的动态更新和不断修订；有效结合组织决策、绩效衡量和事后评估等。在英国，政府自 20 世纪 80 年代以来推行绩效管理制度，其政府绩效管理的特点是：政府绩效管理评审的主体由机关内部转向外部市场和公众，评审内容由效率转向客户服务和质量，评估结果公开化并直接向公民和服务对象负责。除英美外，政府绩效管理在其他国家也得到了广泛应用，如荷兰《市政管理法》要求对地方当局的工作绩效进行评估，以提高效率和服务质量。此外，根据经济合作与发展组织统计，公共组织绩效管理在丹麦、芬兰、挪威、新西兰、加拿大等国都有广泛的应用。

综观西方国家政府绩效管理，其发展呈以下方面的趋势：在评估环境上，以新公共管理和政府再造运动为核心的行政改革为政府绩效管理的应用提供了广阔的空间；在评估的目的上，充分发挥绩效管理的多重功效；在评估主体上，强调评估主体的多元化和公民的广泛参与；在评估程序上，强调评估程序的法制化；在评估指标上，强调结果导向的绩效评估指标体系；在评估管理机构上，重视成立专门的评估组织；在评估信息沟通上，注重信息技术应用和对绩效信息的管理；在评估技术上，体现为 ABC 系统（activty based system）—基于行为的成本核算系统和 TOPS（total organizational performance system）—整体组织绩效系统的应用和发展。

我国的政府绩效管理研究起步较晚，现代意义上的政府绩效管理始于 20 世纪 90 年代中期，但在实践和研究方面却呈现后发追赶之势。究其原因，一方面，中央政府对行政效率效能的关注因势利导了各地政府对更高绩效的追求和对改善政府治理、加快行政体制改革的主要工具—绩效评估的关注；另一方面，政治体制改革对行政管理制度建设的要求和拉动。我国目前政治体制改革重点要解决的问题之一是实现有效执政，满足可持续发展和民权需要。当然，毋庸讳言，我国在政府绩效管理研究方面仍然存在不少问题，比如：中央与地方、地方与地方在实施理念上存在偏差；缺乏政策指导和法治保障；评价主体单一，更多强调自我评价，缺乏独立评价；评价目的不明确，激励与约束机制不健全；指标设计单一，内容不科学等。这也为我们研究国家审计与政府绩效管理问题提供了依据和侧重点。

（2）政府绩效评价研究评析。目前，国内外关于政府绩效评价的研究可谓观点林立、成效显著。就政府绩效评价组织模式而言，形式多样，特色明显，如英国的雷纳评审、加拿大的政府部门改革方案、欧美的政府进行自评计划以及我国地方政府绩效评价的“四大模式”（“甘肃模式”“青岛模式”“思明模式”“珠海模式”）等。总结这些研究成果，不难发现存在的缺憾，那就是未能凸显国家审计的评价主体地位，忽略了国家审计参与政府绩效管理评价的作用。因此，在总结已有研究成果的基础上，构建国家审计参与地方政府绩效评价创新模式，为我国地方政府绩效评价提供理论范式，势必成为进一步研究的新课题。

（3）国家审计评价政府绩效研究评析。关于国家审计评价政府绩效的研究，目前国际国内业已达成共识，认为国家审计应当而且可以对地方政府绩效管理绩效进行独立评价，其方式是通过开展政府绩效审计以实现对地方政府绩效的评价。江苏省审计学会课题组（2012）认为，国家审计是加强和改进政府绩效管理的重要力量，而政府绩效管理为国家审计提供了深入发展的平台，并对国家审计推进政府绩效管理的主要途径进行了系统研究；邵荣和李法杰（2012）认为，国家审计应当充分发挥自身特点和优势，推动建立健全政府绩效管理制度，促进提高政府绩效管理水平和建立健全政府部门责任追究制度；李美羲（2012）认为，国家审计作为经济监督的政府职能部门，在服务政府绩效管理中有着独特的不可替代的作用，应当从强化理念、探求方法、整合资源、建立健全激励约束机制方面入手，充分发挥国家审计服务政府绩效管理的作用。

纵观上述研究，在国家审计与政府绩效管理的关系、国家审计在服务政府绩效管理中发挥的作用等方面具有普遍共识，但这种认识仅仅是一种理念，尚停留在理论（探索）层面，还无法得到实业界的认同和实践的检验，特别是对嵌入国家审计的政府绩效管理评价指标体系、评价方法和评价组织模式的研究还不够具体，缺乏可操作性。而且，现有的研究大多是对绩效审计理论的总体框架进行研究，构建的绩效评价标准缺乏相应的理论支持。因此，为了促进国家审计的发展、完善政府绩效管理评价制度，必须不断进行理论研究和实践创新，尽快建立适应政府绩效评价需要的绩效审计标准和评价指标体系。

5.2.2 研究的理论基础和方法

本研究的理论基础包括公共受托责任理论、免疫系统理论等。其中，公共受托责任理论是国家审计产生的基础，免疫系统理论是国家审计功能的创新。

所谓公共受托责任，美国会计总署（GAO）认为，公共受托责任就是指受托管理并有权使用公共资源的机构向社会公众说明其全部活动情况的义务。最高审计机关亚洲组织认为，公共受托责任是指受托管理公共资源的机构报告管理这些资源及其有关的规划、控制、财务的责任。我国学者（张国生，2004）认为，公共受托责任产生于民主政治中的委托代理关系，依存于三个主要代理关系中。这三个代理关系是公务员对行政长官的受托责任、行政部门对立法部门的受托责任和政府对民众的受托责任。

免疫系统论（刘家义，2004）认为，国家审计在整个经济社会全局中的地位和作用，恰如一个人的“免疫系统”，是保证整个经济社会正常运行、持续发展的一个重要组成部分，所以，现代国家审计的本质是一个国家经济社会运行的“免疫系统”，其能够最早地感受病害侵蚀的风险，更早地揭示病害侵蚀带来的危害，更快地运用法定权限去抵制、查处这些病害，也能建议政府和相应的权力机关，运用各种政治资源、经济资源、社会资源去消灭这些病害，从而健全制度，保护国家安全。

本研究主要采用规范研究的方法，首先，运用文献检索和逻辑分析等方法，对国内外政府绩效管理与国家审计相关问题的研究现状进行分析与评价，为进一步研究奠定了相应的基础；其次，运用专业判断、归纳推理、综合分析等手段，探究了国家审计与政府绩效管理的关系，以及国家审计在政府绩效管理中发挥作用的途径；再次，运用案例分析法，对“甘肃模式”进行深入和全面的分析，从而得出带有普遍性的研究结论；最后，针对国家审计开展的绩效审计实践活动，提出了国家审计如何促进政府绩效管理的对策建议。

5.2.3　相关概念辨析

（1）政府绩效管理。首先需要明确政府绩效的概念。所谓政府绩效，是指政府在公共受托责任和国家行政目标的引导下，在一定时期投入一定成本从事行政管理、社会公共服务的过程中所获得的行政效率、行政效益和行政效果以及实现其目标的程度。可见，政府绩效是在讲求内部管理与外部效应、数量与质量、经济因素与伦理政治因素、刚性规范与柔性机制相统一的基础上，获得的公共效率、效益、效果的最大化。其次需要明确绩效管理的概念。所谓绩效管理，美国国家绩效评估中心认为，利用绩效信息协助设定统一的绩效目标，进行资源配置与优先顺序的安排，告知管理者维持或改变既定目标计划，并且报告成功符合目标的管理过程。可见，上述概念是从公共管理角度对绩效管理的过程性进行的阐述。最后明确政府绩效管理的概念。关于政府绩效管理，中国行政管理学会联合课题组认为，所谓政府绩效管理，就是运用科学的方法、标准和程序，对政府机关的业绩、成就和实际工作作出尽可能准确的评价，在此基础上对政府绩效进行概述和提高。很显然，这是一个结果导向性概念，体现了与国际标准趋同的思想。

（2）政府绩效评价。关于政府绩效评价（亦称政府绩效评估），我国有学者认为（尚虎平，2011），是指运用科学的方法、标准和程序，对一定时期内政府管理效率、服务质量、公共责任、公众满意度等方面所进行的全面性评估，它是对政府在该时期公共管理与服务过程中投入、产出、最终结果进行客观、公正、准确的定性、定量结合的综合评判。而美国 GAO 将政府绩效评估的概念表述为“便于公共决策者获取相关信息的一种方法，比如关于某一问题，关于为解决或缓解该问题所采用策略的相对有效性，关于特定方案的实际有效性”。可以看出，中西方关于政府绩效评估的概念表述，更加侧重于结果导向性。

5.3 国家审计与政府绩效管理的关系

5.3.1 国家审计功能与政府绩效管理内涵的趋同

美国 GAO 把绩效管理定义为是一个由相互补充的三大环节构成的动态过程，包括确定战略方向、制定年度目标和测度绩效体系、报告绩效水平。

可见，政府绩效管理不是一个单一工具，而是一种观念和系统：作为一种观念，绩效管理整合了新公共管理和政府再造运动中的多种思想和理念，并构建出自身的制度基础和先决条件。作为一种系统，绩效管理框架必须从战略规划角度，将各种管理资源系统有效整合，形成多重价值和多维角度的综合性绩效评估体系。

关于政府绩效管理的内涵，可从三种意义上予以界定：①作为系统工程，绩效管理是为实现所期望的结果而实施的由一系列管理机制和技术构成的有机系统，包括绩效管理过程、组织绩效评估、项目评估、质量管理、标杆管理、业务流程重塑等。②作为一个过程，绩效管理是由战略规划、年度计划、持续性绩效管理、绩效报告和信息利用等环节构成的动态过程。③作为人力资源开发手段，绩效管理是围绕组织绩效提高这一目标而实施的人力资源管理的原则和技术。可见，“系统工程”和“动态过程”是当前界定绩效管理的两种主导模式。

而国家审计作为政府绩效管理的内在机能，需要更多地参与到政府管理的流程中，并实现与政府绩效管理的对接。这是因为：①现代国家审计是经济社会运行的“免疫系统”，这种创新功能为国家审计参与政府绩效评价提供了可能。政府绩效管理需要从事前、事中到事后都要以绩效为导向，以绩效目标为依据，所以政府绩效管理可能实现政府内部行为的全面控制与流程再造。如财政绩效管理过程中，绩效预算的运用就是将政府绩效前置到政府预算计划的过程中，而使得政府行为从一开始就符合“3E”原则。所以开展绩效审计是国家审计实现与政府绩效管理对接的实践形式。②现代国家审计对政府绩效管理具有积极的作用。现代国家审计通过开展绩效审计，以对政府绩效管理存在的实质问题进行独立评价，为政府绩效管理提供决策的依据。

5.3.2　国家审计是评价政府绩效管理的内生性制度安排

依据宪法和审计法，我国国家审计是在县级以上各级人民政府首脑的直接领导下，对本级人民政府及其所属单位的财政财务收支的真实性、合法性和效益性进行审计监督。显而易见，国家审计实质上是政府的“内部审计”，审计工作是“政府监管工作的重要组成部分”（杨肃昌，2004）。而作为政府的“内部审计”，国家审计应当是政府内部的一种自律控制，需要从组织内部控制的需求中去揭示其本质。此外，“国家审计作为国家的基本政治制度之一，是国家基本政权组织形式的重要组成部分，应该从国家治理的需求中去揭示其本质”（曾寿喜和刘国常，2007）。这种审计体制的优势和意义来自审计监督与政府经济监管职能的高度结合，也就是说，我国现行国家审计作为政府内部的一种控制机制，可以适时检查政府活动，评价政府行为，发挥“免疫系统”功能。

5.3.3 政府绩效管理流程与国家审计模式的对接

政府绩效管理的流程主要包括：绩效计划、绩效评价、绩效反馈、绩效监督、绩效沟通等。政府绩效管理流程所依托的是客观的认识和独立的评价，这也正是绩效管理区别于一般政府管理的特殊之处。不论处于绩效管理的何种阶段，可以说政府绩效的正确测量是实现政府绩效管理的基础。所以政府绩效管理的核心是政府绩效的评价或绩效测量环节。

（1）政府绩效管理流程与国家审计具有相互关联的内容。政府绩效管理体系的构建应是以政府绩效评价为基础、以评价结果为依据来重塑政府管理流程的过程。而国家审计所开展的绩效审计，其主要内容是对政府履行公共责任的经济性、效率性和效果性进行评价，以便提出改进管理、完善制度的意见和建议。可见，政府绩效管理流程与国家审计具有相互关联的内容。

（2）政府绩效管理流程实现的机制与国家审计的关系。在政府绩效管理的过程中强调制度与机制的形成问题，从而能够使绩效管理的结果导向是致力于合意的机制下所产生的结果。而国家审计参与到绩效管理的过程中必须遵从绩效管理的原则与方法，从不同的维度共同促进政府绩效的实现。因此，政府绩效管理流程运行的方式与国家审计存在对接性；政府绩效管理流程的特点与国家审计具有相互促动性；国家审计嵌入政府绩效管理流程的功能具有可行性。

5.3.4　政府绩效管理方法与国家审计技术的共享

政府绩效管理的方法包括综合性方法和纯技术方法。从绩效管理方法的应用上看，我国最具代表的评价方法有平衡计分卡法、标杆管理法、德尔菲法以及综合评价法。而纯技术方法的开发主要是运用数学以及工程学的工具来进行纯技术方法的开发，其中包括主成分分析方法、层级分析法、数据包络分析法、模糊数学分析法、神经网络分析法和遗传算法等。而现代国家审计的技术方法也包括数学评价方法（如线性规划法、计划评审法、回归分析法、指数平滑法、库存模型法等）、经济分析方法（如对比分析法、因素分析法、平衡分析法、指数分析法、TQC 分析法、分组评价法等）和技术论证法（如投资论证法、方案论证法、系统论证法、成本效益论证法等）等，体现了政府绩效管理方法与国家审计技术的共享性。究其原因：政府绩效管理与国家审计具有相同的评价目标和内容；政府绩效管理促进了国家审计技术方法的创新。

5.3.5　政府绩效管理内容与国家审计对象的兼容

纵观西方各国的政府绩效评估，可以看出其多着重于对公共财政绩效、公共项目绩效、公共政策绩效、人员和机构绩效等方面的评价，近年来政府绩效评估趋于向纵深方向发展，更加侧重于对政府整体绩效和综合绩效进行评价，体现了时代发展对行政改革的新要求。关于国家审计开展的政府绩效审计的内容，最高审计机关国际组织认为：绩效审计是对被审计单位（包括法律规定接受审计的政府公共机构）在履行职责过程中对公共资源的使用和管理的经济性、效率性和效果性进行的检查、评价和分析，把绩效审计的内容主要定位在经济性、效率性和效果性三个方面。可见，政府绩效管理在内容上与国家审计具有一定的兼容性。

5.3.6 政府绩效管理是国家审计的目标指向和功能发展

国家审计的不同发展阶段承载了不同的职能，从国家职能观、权力制衡观、财政监督观、民主政治观、免疫系统观到国家治理观，可以看出，国家审计在国家不同的发展阶段承担着不同以及多样的功能。其中最主要的功能是内部控制、民主监督和权力制衡，这些核心功能应当而且能够更多地体现在行政改革、政府管理的过程中。

从审计的目标和内容看，国家审计可分为财政财务审计、财经法纪审计和经济效益审计三类。从审计的层次看，可以分为对资金使用合理性的审计、对资金使用政策合法性的审计以及对资金使用效率性的审计。传统国家审计目标主要是事后对资金使用的合理性、合法性和真实性来进行审计监督，而现代国家审计更多地将审计的内容前置，使得审计不但是一种事后监督的方法，更需要将审计与政府计划、政府战略相联系。

政府绩效管理的理念是以客观的指标作为管理的依据，从而杜绝管理的盲目性与任意性，对于审计而言，恰恰也是通过对客观数据、政策的评价来对审计的对象进行评估，从而监督整个管理流程，提升政府行为的效率性，同时维护政府行为的合法性。因此，政府绩效管理是国家审计的目标指向和功能发展。

5.4 国家审计在政府绩效管理中发挥作用的机制与路径

5.4.1 国家审计在政府绩效管理中发挥作用的机制

国家审计在政府绩效管理中不可能发挥直接决定性作用，但可以发挥间接的、不可或缺的控制与评价作用，因此，国家审计在促进政府绩效管理中属于一种内控机制，即通过发现问题、处理问题、完善机制、抵御风险以提高政府治理的效率与效果。

（1）发现问题。审计工作的核心是收集证据、对照标准、形成结论，其中，收集和鉴别证据的过程就是发现问题的过程。由于经济活动纷繁复杂、审计对象复杂多变，国家审计如果不能及时发现问题，其促进政府绩效管理的作用就无法发挥。随着经济全球化进程的不断加速，影响治理质量和效能的因素也在不断发生变化，国家审计要发挥内控机制的作用，实现政府良治，就必须及早发现问题、及时识别各种风险及隐患，以便及时采取措施，将风险和损失降至最低点。

（2）处理问题。审计工作不仅仅是查账验证、揭露问题，更重要的是对所发现的问题要进行深入分析、系统研究，进而达到处理问题的目标。由于影响政府绩效管理的因素十分复杂，因此，国家审计可依据国家有关法律法规，对一些突出问题进行分类处理，对特别重大问题，如系统性体制机制问题或重大违法违纪问题，可上报决策机构进行决策或批办；对一般性问题，可在其职责范围内依法予以处理。

（3）完善机制。完善机制是国家审计建设性作用的体现形式。国家审计要发挥其在促进政府绩效管理中的作用，必须要坚持批判性与建设性相结合，在依法严肃揭露和查处重大违法违规问题的同时，更多地从公共政策的制定、公共预算的执行、民主法治建设等宏观层面发挥审计的建设性作用，更多地从制度、体制和机制方面着眼，揭示和反映体制性障碍、制度性缺陷和重大管理漏洞，促进建设和完善有利于政府绩效管理的体制机制。

（4）抵御风险。风险是指发生各种损失的可能性。政府绩效管理无论在我国还是在西方发达资本主义国家，都属于新生事物，充满各种风险和挑战。国家审计应当在促进政府绩效管理中主动识别风险，积极评估风险，运用法定权限去抵御、查处安全隐患，并及时建议政府或相关的权力机关调动国家资源和能力去清除这些风险，以确保经济社会稳定运行，实现可持续发展。

5.4.2　国家审计在政府绩效管理中发挥作用的路径

（1）开展宏观经济效益审计，对政府公共政策绩效进行评估。宏观经济效益审计是指由审计机关对政府各项宏观经济政策的制定及执行情况开展的审计监督活动。政府既是宏观经济政策的制定者，也是执行者。虽然有学者认为政府在推动经济发展方式转变上不会有多大的作用，甚至是在阻碍经济发展方式的转变（郎咸平，2010），但是，国家审计作为一种宪制安排，通过发挥“免疫系统”功能，必将起到对政府的经济监督作用。为此，国家审计的工作重点应当放在促进规划和配套政策措施的贯彻落实上，加大对宏观经济政策执行情况跟踪审计的力度，关注政府投资、财政支出和银行贷款的结构及政策实施效果等情况，及时揭露和查处在贯彻宏观经济政策过程中存在的失职渎职、弄虚作假、不作为和乱作为等问题，确保中央决策和部署落实到位。

（2）开展财政支出绩效审计，对政府公共财政绩效进行评价。绩效审计是民主政治的产物，同时又是政治民主化的实现工具。国家审计引入绩效审计模式，不仅符合了国家审计自身发展的需求，也为有效促进国家治理开阔了视野，激发了活力。国家审计通过开展财政支出绩效审计，对公共财政资金的使用效益和政府管理行为的效果进行审计，以促进政府公共管理职能的有效实现，夯实公共管理基础。具体而言，一是通过对政府宏观经济政策的分析和测评，以考察政府所采取的宏观经济手段是否符合理想的预期、宏观经济政策对国家发展的影响等，从而促进政府加强宏观经济调控职能，实现经济结构的优化；二是通过对国库支出合法性及合规性的审查，旨在提高政府部门和各机构的工作效率，加强对各部门的内部控制并保证责任落实到位，对资源进行合理高效的分配，保证预算安排对于人大和公民的公开透明等；三是通过对税收政策和财政转移支付等一系列制度安排的评估，分析其是否充分发挥了作用，取得了预期的成效，进而评价政府的具体经济行为是否产生了积极影响。

（3）开展政府投资项目绩效审计，对政府公共项目绩效进行评价。政府投资项目属于政府重大决策事项，体现公共资源受托责任性，因此，对政府投资项目进行审计，有利于监督政府投资决策的科学性、公共资源使用的效率与效果性。为此，首先要加大对政府建设项目工程竣工结算的审计力度，高度关注政府热点建设项目，抓住竣工结算的关键环节，科学、合理地审核建设工程的工程造价、预决算、招投标等，有效遏止建设工程实施中的投机取巧、乱签证、随意变更等现象，促进工程建设及资金使用的进一步合规、合法、有序。其次，要强化重大投资项目的跟踪审计，将审计关口前移，对政府重点投资项目实施全过程跟踪审计，拓宽投资审计领域，完善重大项目跟踪审计制。对投资规模大、工程子项多、建设周期长的项目，进行全过程跟踪审计。最后，要积极探索项目招投标审计监督。工程的招投标是工程建设过程的重要环节，为确保国家财政性建设资金得以有效运用，审计部门要提前介入工程项目招投标的全过程，实行招投标工作事前、事中、事后的全程同步监督。

（4）开展经济责任审计，对机构和人员绩效进行评价。政府治理的核心是对“人”特别是“领导人”的治理，而经济责任审计是一种“人格化”的审计类型，它虽然不是直接对政府部门的审计，但通过对政府部门领导人的审计，进而评价政府受托公共责任履行情况，为进行有效治理界定了责任范畴。经济责任审计不仅是民主与法治的产物，更是民主与法治的工具。因此，国家审计通过开展经济责任审计，可以促进政府改革与治理结构良性运行和发展。为此，一方面，要通过对被审计人所在单位控制程序、控制方法与手段以及会计与管理控制制度的审计，发现内部控制的薄弱环节，提出改进意见，促使政府部门建立起完善的内部控制体系，加强政府部门的自我约束、自我控制的能力，减少政府随意行为与腐败现象，促进加强政府自我控制能力建设。同时，要通过审查领导人所在部门的预算执行及决算、预算外资金、专项资金、国有资产以及内控情况等，查清该单位的目标完成情况，分清领导人应负的主观责任，并查清其有无侵占国有资产、违反廉政规定以及其他违纪行为。另一方面，要推行经济责任审计结果公告制度，将审计出的问题以及应该进一步追究的责任诉诸公众，从而“让阳光和社会为问责导航”，促进政府责任的法治化和行政透明化。

（5）开展风险管理审计，对政府综合性绩效进行评价。政府绩效管理也具有一定的风险，如国家金融风险、政府债务风险等。国家审计作为经济社会运行的“免疫系统”，应当全面关注政府绩效管理风险。为此，国家审计应当加强风险管理审计，高度重视政府运行风险。审计机关可从以下方面实施对政府运行风险的管理审计：一是检查财政、金融机构执行国家金融政策的情况，开展对重大财政、金融活动的专项审计或调查。二是关注金融资产质量和风险。审计机关既要对金融机构的资产质量进行相对准确的把握，同时要关注金融领域的经济犯罪案件，注重发现大案要案线索，果断打击金融领域的违法犯罪行为，为国家宏观调控创造良好的金融环境。三是对地方性政府债务保持高度警觉，适时评价地方政府债务风险，实行风险预警，防范和控制风险。四是对监管机构的绩效进行监督评价，关注建立安全、高效、稳健的财政、金融运行机制，促进财政、金融监管机构依法履行职责。

5.5 国家审计促进政府绩效管理的实际应用：以“甘肃模式”为例

5.5.1 “甘肃模式”的特点

在我国，比较成熟的政府绩效评价模式有四种，即“青岛模式”“思明模式”“珠海模式”和“甘肃模式”。四种模式的特点对比如表 5 - 1 所示。

表 5 - 1　　四种政府绩效评价模式对比

项目	“青岛模式”	“思明模式”	“珠海模式”	“甘肃模式”
评价主体	政府	政府	政府、公众	非公有制企业
评价对象	地方政府	地方政府	地方政府	地方政府
评价模式	监督检查与政府考核相结合	内部自我评价	政府主导的民主测评	第三方（学术机构）组织实施
特点	督事、评绩、考人、查纪“四位一体”	评价从任务式变成战略式，并且创新了政府绩效评价指标体系	“服务原则”和“公众满意原则”，体现了政府工作的关注点由“政府本位”向“公民取向”的转变	以“顾客导向”为价值取向，实质上是一种公共治理评价

“甘肃模式”的评价主体具有独立性，评价对象具有针对性，评价方法具有科学性，评价结果具有客观性，这与国家审计的属性——独立性、客观

性以及国家审计的本质——经济社会运行的“免疫系统”相一致，体现了公共治理的基本思想和要求。可见，“甘肃模式”是从绩效评价的角度提出解决问题的实践途径，甘肃政府绩效评价模式可概括为以下两点：一是基于实践的研究；二是基于公共治理的评价。首先，“甘肃模式”本身是一种问题导向型的研究，即在实践中不断总结出绩效评估的一般理论和方法创新；其次，“甘肃模式”的评价实质上是公共治理评价，即从甘肃省的经济社会发展状态出发，解读政府在社会治理中的绩效问题。

此外，“甘肃模式”把评价权交给政策直接受益者——非公有制企业，把评价组织权交给第三方学术性中介组织，评价的指标体系公开，评价过程透明，评价结果向社会公布，充分体现了后现代国家治理理论的思想，即国家提供服务下的多元分权管理，提倡政府、市场、非政府组织及公众在内的多元主体通过合作、协商等伙伴关系对公共生活进行协同管理，以实现“善治”状态。因此，本书以“甘肃模式”为例进行深入研究。

5.5.2 “甘肃模式”对国家审计开展政府绩效评价的影响

（1）奠定了绩效审计的工作基础。“甘肃模式”通过公共治理的外部评价模式，提出了以绩效为导向的评价方式，从而使地方政府通过绩效观的引导，在重视效率的同时，注重分析问题的过程，在重视结果的同时，也注重诊断问题的形成，最后通过绩效评价的导向作用，达到政府制度的创新和治理能力的提升。由此可以看出，“甘肃模式”所创造出的评价绩效的框架、体系、方法、评价指标等都为开展政府绩效审计提供了新的思路，为绩效审计的发展奠定了基础。

（2）构建了绩效审计评价指标体系。“甘肃模式”政府绩效评价体系的构建，既充分体现了科学性、前瞻性、可操作性的原则，又体现了国情和省情；既包括完整的考核指标体系，又包括严密的组织体系。通过构建全方位、多层次的评价体系，从而达到了不断提高政府绩效和促进政府职能转变的目的。另外，“甘肃模式”开创了我国政府绩效“外部评价”的先河，是对我国政府绩效评价体系的补充和完善。

（3）创新了绩效审计评价方法。“甘肃模式”的政府绩效评价方法的最大创新点就是引入了“外部评价”模式，即独立的第三方评价模式。这种做法，一方面引入了科学的评价体系和评价方法，使人们能够从更全面的角度看待政府绩效，以便采取更科学的体系和方法去衡量政府绩效，从而更客观地评价政府绩效管理的效果；另一方面促进了政府管理理念的创新，通过第三方评价使政府真正能体会到“政权在民、责任政府”的内涵，迫使政府部门树立科学的发展观和正确的政绩观，使政府及其官员把对上级负责、对人民负责、对历史负责统一起来，把眼前政绩与长远战略、行政行为与行政结果统一起来，把政府主导和公众参与统一起来，从而推动政府职能转变，由政府管理转向政府治理，并最终转向广大公民和社会组织积极参与的公共治理，达到“善治”状态。

（4）促进了绩效审计结果的应用。从“甘肃模式”的政府绩效评价方法我们可以看出，整个绩效评议的过程是通过第三方来完成的。整个评价从理念、内容、程序、方法和结果都是坚持“公平、公正、公开”的原则，并且所有的活动都受到了社会的监督。因此，由第三方评价政府部门绩效的结果相比其他方式取得的结果的可信度更强，这在一定程度上促进了政府绩效审计工作的开展和绩效审计结果的应用。

5.6 国家审计参与政府绩效管理存在的主要问题分析

5.6.1 政府绩效管理制度空白，公共财政绩效监督制度缺失

与西方国家成功的政府绩效管理实践相比较，我国政府绩效管理刚刚起步，绩效管理基础较为薄弱，绩效管理制度几近空白。在公共财政监督方面，财政合规性监督制度比较健全，而财政绩效监督制度非常缺乏，这不符合政府绩效管理的发展需要。由于政府绩效管理具有范围广泛、内容复杂、形式多元化等特点，因此，建立必要的监督制度，规范和约束监督主体的行为，无疑对政府绩效评价具有十分重要的意义。目前，各地开展政府绩效管

理试点工作，绩效管理通常是指财政支出绩效管理，绩效监督往往是指财政绩效监督，其依据经常被表述为《中华人民共和国预算法》（以下简称《预算法》），但事实上，《预算法》和《财政违法行为处罚处分条例》根本就没有涉及绩效监督的条款，倒是《审计法》《中华人民共和国审计法实施条例》《中华人民共和国预算法实施条例》中作了原则性规定，但有关政府绩效管理的原则、范围、依据、组织管理、工作程序、结果运用以及指标体系等都没有相应的规定，从而导致绩效监督工作缺乏相应的法律约束与制度保障。

5.6.2　审计机关人才结构不合理，审计主体专业胜任能力不足

一方面，各地区、各级次审计人才建设不平衡，知识结构以会计、审计人才为主体，而工程技术、计算机、管理学、法学、社会学等方面的专业人才比较缺乏，特别是缺少高层次和复合型人才，严重制约了国家审计参与政府绩效管理的实践。另一方面，由于计算机审计资源的普及性比较低，审计人员运用现代审计特别是绩效审计方法的能力较低，存在审计主体专业胜任能力不足等问题。

5.6.3　绩效评价内容偏颇，过分倚重财政支出绩效

现行的政府绩效评价侧重于对财政支出绩效的评价，其优势在于运用定量和定性指标，可以保证评价结果的科学性、公正性，同时也适合预算监督的要求，但难免存在一定的不足，比如易导致行为主体片面追求经济效率，而忽视社会效益、环境效益等情况的发生。更重要的是，过分偏重财政支出绩效，会导致责任人的行为与责任“脱节”，无法起到责任界定和责任追究的作用。

5.6.4　绩效评价标准滞后乏力，过分强调“结果导向”评价指标体系

现行政府绩效管理在评估指标上，强调“结果导向”绩效评估指标体

系。毋庸讳言，“结果导向”是西方国家对过去在绩效评估中过分强调投入指标、过程指标以及产出指标的一种“纠偏”，它强调政府绩效的衡量标准要以最终的服务效果和社会效益为导向。应当说，“结果导向”评价指标在设计上仍然包含过程、能力等指标，但以结果为主。这种绩效评价指标体系无疑忽视了政府管理战略及其运营风险，没有将政府治理目标与可持续发展战略有机地结合起来，从而导致政府绩效管理存在短期化行为。

5.6.5 政府绩效审计方法滞后，缺乏科学有效的评价技术

政府绩效评价是一项十分复杂的系统工程，而绩效审计方法决定着绩效评价效果。从西方国家绩效审计发展历史看，政府绩效审计经历了发票检查法、综合审计法和绩效评估法，目前，美国国家审计以项目评估为手段的绩效审计，成为促进政府改革、国家治理的重要参考者和建设者。我国绩效审计尚处于启动阶段，审计方法仍然以合规性为主，真正的绩效审计方法少之又少，现有的审计方法，不是单一分散，就是陈旧落后，连起码的综合审计方法都没有，更别提绩效评估法，这不利于国家审计对政府绩效的科学评价。

5.6.6 政府绩效评价目标单一，无法正确引导绩效管理实务的发展

从发达国家的经验看，政府绩效管理的目标和功能具有多重性，因此，政府绩效评价的目标应当多元化。而从我国目前开展的政府绩效评估实践看，政府绩效评价的目标比较单一，着重强调经济效益，忽视社会效益和生态效益，最终使得评价结果只顾短期效益而不顾长期效益、只顾直接效益而不顾间接效益、只顾货币效益而不顾非货币效益，因此无法正确引导绩效管理实务的发展。

5.7 国家审计参与政府绩效管理的具体对策

5.7.1 评价制度上，由合规性向绩效性转变

鉴于我国政府绩效管理制度空白、公共财政绩效监督制度缺失的现状，我们认为，当务之急是修改《预算法》和《财政违法行为处罚处分条例》，增加绩效监督评价的有关内容，并在此基础上总结各地开展政府绩效评价的经验，制定政府绩效监督条例，对政府绩效评价的原则、范围、主体、客体、方法、程序、评价指标、评价标准、结果运用等内容加以明确和规范，为国家审计评价政府绩效管理工作的有效开展提供制度性保证。此外，积极推进政府绩效评价法治体系的建设，不断完善现有审计法律法规，尽快制定绩效审计准则，为国家审计评价政府绩效管理工作的有效开展提供技术性保障。

5.7.2 评价主体上，由自我评价向独立评价转变

国家审计的特殊地位和本质属性决定了其评价政府绩效管理的主体身份，因此，国家审计应当在评价政府绩效方面居于主体地位，发挥更大的作用。众所周知，由于政府绩效自我评价本身的局限性，引入国家审计评价政府绩效本身是对第三者评价模式的发展与创新。为此，当务之急是探讨国家审计嵌入政府管理过程中的方式创新问题、国家审计在政府管理过程中的功能拓展问题、国家审计参与政府绩效评价的制度创新问题，以及目标定位问题，等等。我们认为，评价政府绩效实现了国家审计从传统的事后控制前置为对整个政府行为的合理性、合法性以及效益性进行审计的转变，适应了现代国家审计的发展要求，具有十分重要的理论价值和实践意义。因此，保持和提高审计主体的素质，增强审计人员的专业胜任能力，优化审计队伍的知识结构、学历结构和年龄结构，并尽快制定绩效审计准则，规范审计人员的

主观行为，是当务之急必须解决的重要问题。

5.7.3 评价内容上，由财政控制向行为控制转变

传统的政府绩效评价侧重于对财政支出绩效的评价，固然适合预算监督的要求，但难免存在一定的不足，比如易导致行为主体片面追求经济效率，而忽视社会效能等情况的发生。因此，需要对政府绩效评价内容进行创新，即由财政控制转向行为控制，由评价财政支出绩效转向对行为成本效益的评价。这是因为绩效测量在很大程度上要依赖成本控制，而传统的财政控制下的成本核算体制只能核算出组织所提供的服务的总成本，无法准确地描述不同的公共服务的功能差别；另外，由于无法建立成本与政府行为的相关性，也不利于民众对政府行为的监督，缺乏透明性和可控性。在行为成本体制下，成本按照行为以及成本目标（项目、顾客、渠道等）进行分类，评估者不仅能测量出整个服务成本，而且还能精确地计算出在提供该服务的过程中每一个个体行为的成本，并以此为基础进行绩效评价。

5.7.4 评价方法上，由分散化向系统化转变

绩效评价方法决定绩效评价的效果，科学合理的评价方法对绩效评价有着积极而广泛的影响。传统的绩效评价方法往往是各种方法相互独立、比较分散，不利于综合评价。为此，需要引入系统化绩效评价方法。

基于行为成本控制的需要，绩效评价方法上应当采用基于行为的成本核算系统（activity based system，ABC 系统）评价法。ABC 系统建立的假设前提是“资源（包括劳动力和物质资源）都是在执行行动的过程中消耗的”，成本按照行为以及成本目标进行分类，评估者不仅能测量出整个服务成本，而且还能精确地计算出在提供该服务的过程中每一个个体行为的成本，并以此为基础进行预算和分配。对政府行为的测量有很多纬度，包括项目、服务、顾客等，这种绩效评估体系能使我们更好地理解每一纬度指标如何对其他纬度指标产生影响，并能计算出其对组织整体绩效的影响。

基于合作和顾客参与式评价方式的需要，政府绩效评价方法应当采用整体组织绩效系统（total organizational performance system，TOPS）评价法。TOPS是以TQM（全面质量管理）为基础，重视客户要求、强调过程控制和增加团队工作；重视参与、沟通，重视来自员工和客户的反馈，完善现有的效率测量技术，为实现不同的测量比较提供数据分析机制。这种评价模式，是一个向外界客户开放的测量体系，因此更具动态性和开放性，有利于政府绩效指标体系的完善。

5.7.5　评价目标上，由单一目标向多元目标转变

在绩效评价目标上，应充分发挥绩效管理的多重功效。从发达国家的经验看，政府绩效管理的目标和功能具有多重性，绩效管理在推进政府战略执行、促进行政改革、改进内部管理、引导公民参与、提高公共服务质量等方面均发挥着积极的作用。因此，政府绩效评价的目标确立应当以"顾客导向"为价值取向，由过去的单一目标向多元目标转变。具体而言，政府绩效评价目标应当从经济效益（即"3E"）向经济效益、社会效益和生态效益（即"5E"）相结合转变，从而真正体现绩效审计发展的需要。

5.7.6　评价指标上，由"结果导向"向"战略导向"转变

"结果导向"是西方国家对过去在绩效评价中过分强调投入指标、过程指标以及产出指标的一种"纠偏"。而"战略导向"则强调政府绩效的衡量标准要以最终的服务效果和社会效益为导向。国家审计评价政府绩效，在评价指标上，应当更多体现由"结果导向"向"战略导向"转变。因此，在评价指标体系的设计中，需要重点考虑三个方面的因素：一是紧密围绕政府的基本职能进行。因为不同的政府职能理论会导致不同的政府绩效评价标准，明确了政府基本职能，考核绩效也才有了相应的依据。二是突出评价的导向作用。过分强调经济领域而忽视社会发展领域是现行考核的普遍缺陷，政府业绩考核中过分强调GDP必然导致"唯GDP论"；政府投入与产出缺

乏协调，政府行为只讲结果，不计成本；一味追求经济指标，公共服务投入严重不足，居民生活质量被忽视，社会问题越积越多。三是紧扣外部绩效评价的功能特点和要求。重在评价公民对政府及其职能部门工作的认知程度，不涉及对政府及其部门内部的日常事务和公务员具体工作细节等情况的评价，避免评价“错位”现象的发生。

| 第 6 章 |

地方政府专项债券绩效审计研究*

6.1 引 言

6.1.1 研究背景

防范化解重大风险是党的二十大报告提到的重要任务，地方政府债务风险属于重大风险范畴。作为地方政府债中的主要类型，专项债券风险必须引起足够的重视。而对地方政府专项债券风险管理，需要充分发挥跟踪审计的作用。地方政府专项债券是指省级政府为有一定收益的公益性项目发行的、以公益性项目对应的政府性基金收入或专项收入作为还本付息资金来源的政府债券。国家重大政策措施跟踪审计是国家审计发挥监督职能的重要内容，国家审计通过审计监控债务风险，查找原因，分析问题，解决问题，相当于一个监控系统，发挥维持经济金融环境的稳速发展、防范和化解重大风险的作用（邓晓兰，2018）。

近年来，国家出台了一系列相关政策来规范和管理地方政府专项债券，如 2017 年财政部发布《关于试点发展项目收益与融资自求平衡的地方政府专项债券品种的通知》，鼓励地方政府自主探索实现项目收益与融资自求平

---

* 本章内容由王学龙和王复美共同完成。

衡的专项债券新品种，2019 年，中共中央办公厅、国务院办公厅印发了《关于做好地方政府专项债券发行及项目配套融资工作的通知》，对专项债券支持的项目标准、重点领域和重大项目以及融资配套措施等作出明确规定，有效推动了专项债券对重点领域和薄弱环节的支持力度，有效推动地方政府性专项债券的运用。截至 2021 年 12 月底，全国地方政府专项债券余额已经达到 166991 亿元，占全国地方政府债务余额的比重达到 54.81%，甘肃省专项债券总额达到 2606.2 亿元，新增专项债券 800 亿元。① 专项债券作为地方政府重要的融资途径，已成为助力稳定地方经济、增强发展内生动力、稳定经济增长的重要工具，受到地方政府和投资者的广泛青睐。

然而在专项债券资金管理和审计的过程中发现，存在项目投向不合规、资金闲置率高、收益测算不准确、打捆申报、未经批准调整项目用途、绩效管理相对滞后等问题。以往的地方政府专项债券审计是作为财政收支审计的一部分，审计的重点放在资金运用和项目管理方面，绩效管理难以体现，因此本书从研究型审计的视角入手，对地方政府专项债券审计的重点难点进行梳理，以甘肃省专项债券审计为例，进一步探索审计实施路径，对地方政府专项债券绩效进行审计评价，发现存在的问题，并提出改进建议，旨在防范和化解地方政府专项债券重大风险，提高地方政府治理水平和治理能力现代化。

6.1.2 文献回顾与问题提出

我国自 2015 年首次发行地方政府专项债券以来，地方政府专项债券发行规模快速增长，其已成为地方政府投融资的重要渠道，专项债券项目的管理逐渐引起社会各界的关注。探讨国家审计在地方政府专项债券管理中如何发挥作用，是一个重要命题。

（1）关于政府专项债券审计的研究。

关于地方政府专项债券审计问题的研究，目前学界和实务界尚处探索阶

---

① 资料来源：财政部微信公众号，2022－02－09。

段，理论研究主要集中于新增地方政府专项债券问题之审计判断，审计视域下地方政府专项债券管理使用存在的问题及对策，地方政府专项债券项目绩效审计评价，地方政府专项债券项目跟踪审计，内审视角下地方政府专项债券政策跟踪审计路径，审计视域下地方政府专项债券发行存在的主要问题及对策，政府审计对地方政府专项债券的影响，地方政府专项债券项目绩效评价指标体系建设的重点与难点等。

回顾已有的研究发现，关于地方政府性债务的研究已经非常丰富，提供了较为丰厚的理论支持，一定程度上也为开展地方债务性审计研究提供了理论视野和框架体系，但关于地方政府专项债券及其审计问题的研究却鲜有成果。从已有的文献资料来看，一方面认同了地方政府专项债券的性质和作用，普遍认为地方政府专项债券已成为落实积极财政政策、稳定经济增长的重要工具（龙小燕、赵全厚和黄亦炫，2021）；另一方面认为加强政府审计有助于降低专项债券风险。因此，应当立足债务审计，不断强化专项债券全生命周期中的审计力度，充分发挥政府审计在防范化解地方政府债务风险中的治理功能（韦小泉，2020）。关于地方政府专项债券审计工作重点，学者们倾向于四个方面，即新增专项债券的投向、新增专项债券的申报、专项债券项目实施和专项债券绩效（肖婷，2022）。原因是地方政府专项债券作为“新生事物”，与地方政府专项债存在很大区别，且其自身全生命周期较长，我国虽然从 2015 年开始陆续发行专项债券，但真正大规模发行使用始于 2018 年，因此尚未引起学界的足够重视。

（2）关于地方政府债务绩效审计的研究。

有学者认为，在开展地方政府债务审计时必须充分关注债务绩效问题。对于政府债务绩效审计内容，一方面，关注债务资金分配的合理性、规范性和及时性（宋肖曼，2020）。另一方面，债务绩效审计要立足于项目周期全过程，划分决策、建设、运营等阶段（李兰霞，2022）。还有一部分学者从债务绩效审计指标构建和评价方法角度进行研究，提出绩效目标、行业绩效评价指标的设置应遵循“谁申请资金、谁设置绩效目标”的原则（温来成和徐磊，2022），指标选取要考虑项目的具体情况，从政府债券绩效目标设立、资金投入、预算执行、项目管理到结果产出与效益，都应当设立相对应的评价指标（徐丽君，2022）。在建立指标体系时应重点关注项目运营收益与还本付息率、政府债务风险控制、债券资金管理制度、项目产出相关效益、债券资金使用效率等方面（闫汉基，2022）。

回顾已有的研究发现，目前对地方政府专项债券审计的研究多集中于发行管理、运行管理、风险防控三个方面。究其原因，第一，为了打破财权与事权的不平衡，地方政府只能通过融资平台等方式进行举债，进而形成了大量潜在隐形债务风险。第二，此种情形是由地方政府债务审计相关信息披露太少、数据获取太难等客观因素导致的。由于学术界对地方政府专项债券审计评价的相关内容研究尚有空缺，就更需要增加案例应用方面的研究，以拓展该理论应用的宽度和广度。而且，由于专项债券的特性，即项目周期长，信息披露少，加之国家越来越关注专项债券绩效管理。故此，有必要通过理论分析，研究专项债券绩效审计，以丰富和发展我国政府绩效审计理论与实务。

6.2 相关概念界定与理论基础

6.2.1 相关概念界定

（1）地方政府专项债券。地方政府专项债券，指省级政府为有一定收益的公益性项目发行的、以公益性项目对应的政府性基金收入或专项收入作为还本付息资金来源的政府债券，包括新增专项债券和再融资专项债券等。专项债券在使用的过程中强调债券收入应当用于公益性资本支出，不得用于经常性支出，特别强调要有一定的收益性，实现项目的收支平衡。

（2）专项债券审计。专项债券审计是指由审计机关依法对地方政府专项债券资金“借、用、管、还”情况开展的专项审计，旨在摸清情况、揭示问题、强化管理、提高绩效、降低专项债券风险，促进地方经济高质量发展，充分发挥审计在防范化解地方政府债务风险中的治理功能。在专项债券审计中，国家审计应当以资金运动为抓手，以项目周期为主线，对专项债券进行全流程审计，实现事前、事中、事后全过程审计，以期达到提高债券资金运用效率，防范和化解重大债务风险的目标，更好地发挥债券融资的杠杆作用，服务国家治理现代化。

（3）专项债券绩效审计。所谓政府绩效审计是国家审计机关对政府及其部门、其他组织所发生的经济活动进行的经济性、效率性和效果性审查和评价，其目的是促进经济社会全面、协调、高效、持续的发展。依据政府绩效审计与专项债券审计的含义，我们拟提出专项债券绩效审计的概念，即由国家审计机关依法对地方政府专项债券资金收支及日常管理活动进行的经济性、效率性、效果性、公平性和环境性审查和评价，旨在提高绩效，降低专项债券风险，促进防范和化解地方政府债务风险。

6.2.2　理论基础

（1）绩效审计理论。绩效审计强调“客观”“系统”地检查政府机构或者企业的效率和效果，评价审计对象是否实现“经济性”“效率性”“效果性”，即“3E”标准。

地方政府专项债券是政府投资特别是基本建设投资的重要资金来源，是积极财政政策的重要抓手，但专项债券的管理体系尚不健全，许多不完善之处和不确定因素影响了专项债券的还本付息，增加了专项债券的风险。降低地方债务风险的核心是提高专项债券资金的使用效率。要提高专项债券资金使用效率，必须加强对专项债券的绩效评估，通过客观系统的检查评价专项债券资金配置、使用、利用的经济性、效率性和效果性，对专项债券使用进行监督，为专项债券管理提供依据。

（2）项目生命周期理论。1957 年美国博思艾伦咨询公司在《新产品管理》一书中首提“产品生命周期”概念，生命周期理论引入了产品商业领域。此后相关学术领域研究呈爆发式增长，其中不乏项目管理领域，项目生命周期理论由此而生。所谓项目生命周期，是指一个项目从概念到完成所经过的所有阶段。通常，所有项目都可分成四个主要阶段：概念阶段、开发或定义阶段、执行（实施或开发）阶段和结束（试运行或结束）阶段。

专项债券项目本身具有周期性的特点，必然经历项目决策期、资金投入期、项目成熟期和项目衰退期，且项目进展的时间节点也容易获得，甚至可以被预知和规划。选择项目生命周期理论能为地方政府专项债券绩效管理提供夯实的理论框架和参考。2021 年 6 月 10 日，财政部印发《地方政府专项债券项目资金绩效管理办法》，明确要求对专项债券项目资金绩效实行全生命周期管理，对专项债券资金进行过程性、持续性审计，提升债券资金配置效率和使用效益，保障地方政府对专项债券的支撑能力，达到防范增加地方政府债务风险的目的。

6.3 地方政府专项债券绩效审计的意义、重点与难点

6.3.1 地方政府专项债券审计的意义

（1）防范和化解债券风险。随着专项债券发行规模的快速增长，专项债券的偿债风险受到各界关注，根据 2021 年《地方政府专项债券发行管理暂行办法》规定，地方政府应当切实履行偿债责任，及时支付债券本息，维护政府信誉，加强专项债券项目跟踪管理，严格落实项目收益与融资规模相平衡的有关要求，保障债券还本付息，防范专项债券偿付风险。

（2）提高债券资金使用效率。财政部发布的《地方政府专项债券项目资金绩效管理办法》，要求财政部门、项目主管部门和项目单位以专项债券支持项目为对象，通过事前绩效评估、绩效目标管理、绩效运行监控、绩效评价管理、评价结果应用等环节，推动提升债券资金配置效率和使用效益的过程。国家审计对地方政府专项债券资金开展“借、用、管、还”全流程的审计，有利于促进和规范专项债券限额分配、申报发行、资金使用、债务偿还等方面的管理，以提高债券资金使用效益，更好发挥专项债券在提升积极财政政策效能、扩大有效投资方面的积极作用。

（3）优化地方债务治理模式。专项债券的运用在有效扩大投资、稳定宏观经济方面发挥重要作用，然而专项债券的管理问题也给地方政府的政府治

理能力提出了新的挑战。已有的研究发现，国家审计可以通过项目审计和经济责任审计优化地方政府债务治理模式，增进债务融资配置效率（郭玉请和毛捷，2019）。国家审计的强制性特点决定了国家审计具有信息披露权和监督整改权，针对专项债券开展审计工作，发挥监督职能。完善债券发行工作和对项目全流程进行监督审计，为地方政府债务治理提供决策依据。

6.3.2　地方政府专项债券审计的难点与重点

（1）关注专项债券项目投向，着力政策落实。主要审计项目是否符合国家宏观政策、部门和行业发展规划中需要资金支持且满足债券发行条件和要求，是否建立项目储备库，项目单位是否提供《项目可行性报告》，以及相关部门的批复文件，债券额度的核定批复文件等项目决策问题。因此，进行债务审计时应重点关注专项债券项目决策的合规性要求。

（2）关注专项债券项目申报，开展事前绩效评估。《地方政府专项债券项目资金绩效管理办法》中规定，申请专项债券资金前，项目单位或项目主管部门要开展事前绩效评估，并将评估情况纳入专项债券项目实施方案。但是，根据审计查出的债券申请方面的问题来看，“重申报、轻谋划”的矛盾仍然比较突出，表现为项目申报积极主动，但对项目谋划过于简单，部分项目甚至只有项目名称和简单的项目建设内容描述，缺乏可研报告、立项批复、规划、环评等重要程序资料。此外，专项债券需以项目对应的政府性基金或专项收入偿还，但对于部分县（区）政府而言，具有一定收益且收益能够覆盖专项债券本息的公益性项目相对缺乏，存在专项债券项目融资与偿债能力不匹配的问题，导致地方债务风险增大；有的项目实施周期长，地方申请专项债券经验有限，一次性全额申请专项债券额度，容易造成专项债券资金不能在短期内实现实物工作量的情况。因此，审计专项债券资金应对债券申报阶段予以重点关注，核查专项债券资金申请是否符合必要性、公益性、收益性的要求，项目建设投资的合规性与成熟度，债券资金需求的合理性，项目偿债计划可行性、专项债券项目信息公开情况等方面的内容。

（3）关注专项债券项目实施，规范项目管理。从审计署和各地通报情况来看，专项债券“重发行、轻管理”方面问题仍然存在，具体表现为由于前期论证不充分、规划设计和方案制定不合理等，未按期开工建设，有的项目进展较慢或者无法实施，债券资金申请后迟迟无法拨付，致使财政利息负担较重。专项债券项目多表现为基建项目，建设程序一般包括准备、建设、竣工3个阶段，因此在专项债券项目审计时，关注项目实施进度、监理管理和财务管理，督促建设单位规范管理，促进工程项目质量和进度目标的实现，关注工程变更情况，关注建设单位是否按时支付工程进度款、是否存在资金不到位施工单位垫资施工、施工单位挪用工程进度款等情况；竣工阶段关注项目竣工验收工作是否及时、对初验中提出的整改或遗留项目是否制订完工计划或相应控制措施、审查工程进度是否与目标工期和计划进度一致、竣工财务决算及建设项目资产交付管理情况、项目专项收入实现及缴库情况、专项债券本息偿还计划执行等情况。

（4）关注专项债券项目绩效，提高效益。《地方政府专项债券用途调整操作指引》和《地方政府专项债券项目资金绩效管理办法》两个文件，对专项债券事前绩效评估、绩效目标管理、绩效运行监控、绩效评价管理、评价结果应用等作出规范，对专项债券用途调整作出了规定，为提高专项债券资金使用绩效、防范化解地方政府债务风险提供了政策指导。专项债券绩效审计应以上述两个文件为切入点，一方面，关注是否严格按照发行信息公开文件约定的项目用途使用债券资金，是否安排用于经常性支出、养老金发放和利息支付等禁止性领域；关注专项债券资金调整原因，是否存在擅自随意调整专项债券用途和先挪用、后调整等行为；关注是否存在混淆项目资本金与企业注册资本金的情况，是否存在通过设立多级子公司层层注资情况。另一方面，关注绩效制度建立运行情况，项目主管部门和财政部门是否参照省级绩效评价指标框架制定绩效评价方法；关注资金平衡方案编制的合规性，年度收支平衡或项目全生命周期预期收益是否与专项债券规模匹配，申请专项债券期限是否与项目期限匹配；关注项目绩效评估管理是否真实细化，是否进行全过程绩效管理，是否根据绩效评价结果及时纠正偏差或督促整改等。

6.4　甘肃省专项债券审计实践路径

2020 年以来，审计署提出研究型审计的理念，强化研究型审计思维，围绕“政策—项目—资金”主线，将研究贯穿审计立项、实施、报告、整改的全过程，努力做到研究在先、有备而来，研以致用、以研促审，达到“项目课题化、课题项目化”的目标。甘肃省审计厅自 2022 年 4 月起，对全省 2021～2022 年，省级发行、使用和转贷的地方政府的一般债券专项债券资金及再融资债券资金，重点以专项债券资金为主，对各地州市专项债券资金管理使用情况进行抽审。

6.4.1　审计调查内容

（1）地方政府专项债券项目立项环节，重点审查项目决策合规性。地方政府专项债券是积极财政政策的重要抓手和稳定经济增长的重要着力点。审计时要关注项目投向领域是否符合国家重大的区域发展战略等出台的背景和战略意图；相关政策性文件学习，包括国家和地方专项债券发行、管理、资金绩效管理的政策文件，做好相关政策储备台账工作，为审计工作提供评价依据。具体审计内容见表 6－1。

甘肃省债券资金管理使用情况专项审计工作以 2021～2022 年新增专项债券项目为主，以新增地方专项债券申报发行作为审计重点，针对债券项目申报审核立项发行是否符合《地方政府专项债券发行管理暂行办法》进行审计。项目申报审核立项是保障专项债券决策合法性、合规性的基础，债券项目从项目的开始如果不符合债券发行的规定，事前评估不合格，会直接影响后续专项债券项目建设、运行。最后，根据不同的专项债券项目要达到的绩效目标来确定审计的目标，例如，发行的专项债券项目是否符合项目立项的有关规定，所以要对有关规定进行专门审查，审计人员根据项目立项的相关材料，填制审计底稿，确定审计立项层面的审计目标。例如，在审计过程中

表 6－1　　地方政府专项债券项目立项环节审计内容

序号	地区名称	专项债券项目名称	申报审核立项情况									发行情况				
			项目的公益性和收益性	项目立项批复情况	项目申报、立项等前期手续是否充分	是否存在以旧报新、重复申报、超出实际需求的申报项目	项目收入、成本、收益预测合理性	债券资金需求的合理性	项目偿债计划的可行性	项目“债贷结合”等配套融资组合方式作用发挥情况	配套资源是否依法合规、风险可控、资金是否按时到位	地方专项债券发行是否控制在批准的限额内	专项债券期限和发行时间是否充分结合项目周期、融资成本、债券市场需求等因素合理确定	是否存在已发行专项债券项目收益不足、导致偿付风险积聚递延情况	各级财政债券信息公开机制是否健全	债券发行一级债券存续期有关信息公开要求是否得到落实

发现 2020 ~ 2021 年 B 市政府对债券项目风险评估审核把关不到位，夸大项目收益发行专项债券 4.68 亿元，其中：依据翻倍提高灌溉用水测算单价和无依据扣除运行成本的融资平衡方案，为甘肃中部生态移民扶贫开发供水工程项目申报发行专项债券 3 亿元。审计人员针对问题提出相应的审计建议，即加强项目审批部门管理，严格项目审批的可行性方案的多方论证管理制度，明确责任到人的管理要求。从源头保障债券项目立项的合规性，控制债券风险。

（2）地方政府专项债券资金使用，重点审查资金使用落实情况。专项债券的发行和使用强调“资金跟着项目”走，专项债券资金的审计是整个审计工作的主线，审计工作需要摸清专项债券总体规模，掌握辖区内专项债券规模情况，债券资金的使用方向，是否存在违规挪用、资金闲置等情况，掌握债券资金使用进度，对专项债券资金拨付和使用进度进行监管。对资金使用过程进行审计的内容见表 6 – 2。

6.4.2　审计分析

（1）关注专项债券项目管理问题。专项债券的发行和使用强调“资金跟着项目”走，项目建设环节是问题高发领域，比如对 B 市的审计中发现，仅债券项目管理方面就存在 11 个问题，其中 8 个专项债券项目未批先建，3 个专项债券项目进展缓慢。主要包括 2 个项目无开工批复文件、4 个项目未取得施工许可证、3 个项目施工图设计文件未经审查、3 个项目前期准备工作不充分、建设内容发生变更和资金不到位等原因，导致项目均未完工。因此，审计中重点关注债券项目审批的合理性、程序的规范性、资金规模的合理性、资金拨付的及时性等问题，做到由点到面总结存在的问题，提出项目管理建议，提高审计质量。

（2）关注专项债券项目资金管理问题。审计工作需要摸清专项债券总体规模，掌握辖区内专项债券规模情况，掌握项目进度，对专项债券资金拨付和使用进度的监管。对 B 市的审计中发现存在以下问题，如挤占挪用债券资金，违规安排地方政府债务支出或债券资金长期闲置，比如 B 市提前拨付或

表 6-2　　债券资金使用落实情况审计内容

序号	地区名称	专项债券项目名称	债券资金使用方向									债券资金使用进度情况			PPP 项目与专项债券结合情况	
			债券资金是否重点保障在建项目和前期工作成熟的新开工项目	债券资金是否运用于重点领域项目	是否挤占挪用债券资金用于经常性支出	是否用于禁止投向的各类非公益性资本支出项目	是否挤占挪用债券资金用于商业化运作项目	专项债券作为资本金，比例是否超范围，是否超领域用作项目资本金	债券是否有偿还计划和稳定的偿还资金来源	再融资债券是否被用于偿还本金以外用途	专项债券调整用途是否履行审批程序	财政部门是否及时向项目单位拨付债券资金	项目单位是否存在前期工作不完善等原因导致的项目进度滞后，造成资金闲置	相关单位是否存在提前拨付或转移资金情况	是否存在将专项债券资金作为PPP项目资本金情况	是否存在将专项债券资金作为PPP项目债务性资金用于项目运营补贴支出情况

转移资金，主管单位向开工仅7天、未形成实物工作量的大型泵站更新改造项目，超进度支付工程款491.23万元。专项债券资金6.07亿元未支出，未形成实物工作量。审计工作要求在查出具体问题的基础上，针对典型问题，要归纳总结，沿着“政治—政策—项目—资金”做到整体把握，揭示问题，同时也要按照“后果—原因—规则—政治”去分析表面现象，研究机理，提出建议，督促落实。

（3）分析专项债券偿付风险。专项债券偿付风险向来是审计关注的重点之一。我国地方政府专项债券普遍存在较高偿付风险，借新还旧率居高不下。通过审计调查分析，甘肃省专项债券余额在全国处于较低水平，专项债券余额超过政府性基金收入的2倍以上或偿债率超过20%的警戒线，偿债风险依然较高。此外，截至2020年2月，甘肃省专项债券利率为3.05%，高于10年期国债利率2.77%，存在一定的偿付风险。

6.4.3　审计分析重点

（1）专项债券资金管理方面，重点审查资金绩效管理情况。项目建设环节是债券资金运用的环节，也是问题高发领域，从债券项目管理现状入手，由面到点对债券项目资金管理全过程进行审计，从债券项目库建设、债券资金绩效管理，到债券项目管理和运营的情况进行监督检查（见表6-3）。

比如对B市的审计中发现存在专项债券项目绩效目标设置不规范的问题。2021~2022年，由于财政和相关主管部门审核把关不到位，B市实施的银西产业园基础设施等22个专项债券资金项目，存在未设置年度绩效目标、年度目标与总体目标指标不衔接、绩效目标未细化量化、绩效指标未定性定量设置、绩效指标和绩效评分标准设置错误的问题。分析原因，财政部门和主管部门对专项债券项目绩效管理不到位，缺乏重视，因此提出审计意见，按照债券资金项目，财政部门、主管部门、项目单位共同建立绩效管理制度，设置绩效目标台账，定期进行绩效评价，形成绩效评价报告，及时发现绩效管理中存在的问题，及时整改，提高债券资金管理效率。

（2）专项债券项目后续管理和本息偿还方面，重点审查偿付风险。专项

表 6-3　专项债券项目资金管理审计内容

序号	地区名称	年度	债券项目库建设情况				债券资金绩效管理情况									债券项目管理和运营情况				
							项目单位				主管单位			财政部门						
			专项债券支出是否明确到具体项目，纳入财政支出预算项目库管理	是否建立健全专项债券项目库，各职能部门是否建立协调机制，进行联合审查	财政部门管理的专项债券项目库与发展改革部门管理的国家重大项目库是否有效衔接	国家新增专项债券支持领域的项目是否进入项目储备库	是否按照规定开展事前绩效评估	是否同步设置绩效目标，绩效目标是否量化	是否建立专项债券资金绩效跟踪检测机制	是否按照规定开展绩效评价	是否按照规定开展事前绩效评估	是否同步设置绩效目标，绩效目标是否量化	是否建立专项债券资金绩效跟踪检测机制	是否建立专项债券资金绩效跟踪检测机制	是否对重点项目进行绩效评估	是否履行基本建设程序，有无违规扩大建设规模、提高建设标准等问题	项目建设进度推进是否顺利	部门协调推进机制是否有效发挥作用	是否存在项目建设、相关配套设施进展滞后影响项目整体投运等问题	项目建成后是否存在长期闲置或运行管理不善，预期效益未能实现等问题

债券偿付风险向来是审计关注的重点之一。我国地方政府专项债券普遍存在较高偿付风险，借新还旧率居高不下。专项债券项目收益偿付管理情况审计内容见表6-4。

通过审计调查分析，甘肃省专项债券余额在全国处于较低水平，专项债券余额超过政府性基金收入的2倍以上或偿债率超过20%的警戒线，偿债风险依然较高。

6.4.4　审计评价

地方政府专项债券项目发行和建设的目的是服务国家重大战略规划，带动地方经济发展，强调项目的收益性和公益性，所以对项目绩效的评价不仅关注经济效益，同时还应当关注项目的社会效益、生态效益、可持续发展能力和社会公众的满意度等绩效目标，设置项目综合效益评价表（见表6-5）。

专项债券收益性的特点要求专项债券项目需要以项目对应的政府性基金收入或专项收入作为还本付息资金来源，因此需要关注项目经济效益，同时专项债券的公益性特点决定项目立项是服务于地方经济建设，需要兼顾社会效益、生态效益、可持续发展能力、公众满意度等，因此，审计工作需要关注项目主管部门是否开展专项债券绩效管理工作，专项债券资金预算执行进度和绩效目标实现情况是否进行“双监控”，项目主管部门和项目单位应当建立专项债券项目资金绩效跟踪监测机制，对绩效目标实现程度进行动态监控。对B市的审计中发现存在6个专项债券项目事前绩效评估评估不规范、22个专项债券项目绩效目标设置不规范、11个专项债券项目未按规定选取重点项目开展专项债券资金绩效评价、9个项目绩效自评不规范等问题。

6.4.5　审计反馈

目前，审计机关针对地方政府专项债券的审计中发现的问题主要集中在具体专项债券项目立项、资金使用和管理、绩效管理等方面，发现的问题聚焦到具体项目。比如某建设集团在6个高速公路建设项目都存在自有资金不

表 6－4　专项债券项目收益偿付管理情况审计内容

序号	地区名称	专项债券项目名称	实际收益情况			项目后续收益和资金偿付情况				债券本息偿付情况	
			公益性项目是否能够产生收益	产生的收益是否能实现融资收益平衡	是否存在虚假包装、夸大收益的问题	项目单位是否承担市场化融资全部偿还责任	是否开立监管账户及时足额归集市场化融资资金和专项收入	是否通过其他项目对应的项目收益偿还到期债券本金	项目后续收入管理中是否存在将应作为还款来源的收益隐匿或转移等问题	市县财政是否按照协议约定及时向省财政足额上缴还本付息资金	专项债券项目对应的政府性基金收入和用于偿还专项债券的专项收入是否及时足额缴入国库

表 6－5　专项债券项目综合效益评价表

序号	地区名称	专项债券项目名称	经济效益			社会效益			生态效益		可持续发展能力		社会公众满意度	
			项目投资回报率	对地方经济增长贡献度	对地方财政税收贡献度	带动地方就业岗位数	带动地方有效投资数额	支持国家战略发展情况	是否带来地方环境保护	是否增加优良天数	项目的可持续发展情况	当地财政可持续情况	项目直接服务对象的满意程度	地方政府的满意程度

到位的情况下，预支当年专项债券资金支付上年专项债券项目债券利息、车辆费、办公经费等经常性支出等，存在违规使用债券资金问题。通过对全省专项债券项目审计工作汇总，发现很多领域存在共同问题，追其原因，以专题汇报的形式上报。在审计过程中发现问题时，审计人员要做好研究工作，针对多发性共性问题，分析问题背后的本质，比如违规使用债券资金支付贷款利息、车辆费、办公费等经常性支出的原因，是《专项债券资金管理制度》存在漏洞造成还是人为违规操作，还是存在历史遗留问题等，对其进行深入分析，通过收集问题，归纳研究，形成多方观点，再联系审计实践，提出真正有效的建议，比如从制度层面如何加大对债券资金拨付、使用等操作细节的管理，项目内部制定内部管理制度等具体审计建议，切实提高专项债券审计结果的有用性。

6.5　专项债券项目绩效评价——以J市为例

生命周期理论认为，组织为了更好地管理项目，按照项目进度，分为决策、实施、完成阶段，构成一个项目生命周期。从债券项目管理的实践出发，地方政府专项债券项目实行生命周期滚动管理，所以绩效评价也应该融入全生命周期管理的各个环节。

6.5.1　指标选取的原则

指标选取的质量决定了评价体系的合理性，指标在选取的过程中严格遵守指标构建的原则——SMART 原则和 CREAM 原则。选取全面、科学、合理、清晰的指标反映地方政府专项债券项目的绩效情况。地方政府专项债券绩效评价指标，一部分指标是用评价内容的客观描述来反映评价结果，事前绩效评估、事后反馈评估方面设置定性指标，另一部分指标是对评价内容的数据分析，专项债券项目过程阶段的投入、产出、效果方面设置定量指标。

6.5.2 指标设置

《地方政府专项债券项目资金绩效管理办法》要求对专项债券项目建立全生命周期跟踪问效机制，需要对项目决策、过程管理、项目产出、项目效益四个方面进行绩效评价。由于项目建设期和运营期的评价重心不一样，对尚在建设期的项目，重点评价项目决策和过程管理，对债券资金运用和项目管理设置较高的分值权重；对运营期的项目，重点评价项目产出和项目效益。债券项目的差异性决定评价指标在评价具体项目时需要做适当调整，共性指标构建如下（见表6－6）。

表6－6　专项债券项目绩效评价指标

一级指标	二级指标	三级指标	指标解释
项目决策方面	项目的公益性和收益性	公益性和收益性	该指标为一票否决指标，二者缺一不可
	项目立项的合规性	项目立项审批情况	项目是否申报入项目库
		项目投资领域合规性	债券项目投向领域是否属符合专项债券支持领域和方向情况
		项目建设审批手续齐备性	建设项目的审批手续是否齐备
	项目可行性	项目可行性报告编制情况	是否进行必要的可行性研究，项目收入、成本、收益预测合理；是否进行了专家论证等
	绩效目标的合理性	绩效目标设置情况	是否设置绩效目标；绩效目标与实际情况的相关性；预期绩效的真实性；预算的精准性
	组合融资方式有效性	资金匹配度	项目申请专项债券额度与实际资金需求匹配情况
	债券资金合规使用情况	债券资金合规使用率	债券资金合规使用总额/项目总金额

续表

一级指标	二级指标	三级指标	指标解释
项目决策方面	债券资金拨款进度	财政拨付进度	项目单位超进度拨付资金总额/应付资金总额
		项目单位支付进度	未执行国库集中支付制度超进度拨款总额/项目总额
	债券资金沉淀闲置情况	资金闲置率	资金沉淀和闲置总额/已拨付资金总额
项目过程管理方面	债券资金监管情况	债券资金监管制度建设和执行情况	是否建立专项债券资金绩效跟踪监测机制
	项目建设进度情况	项目完成率	已完工项目工作量/总项目工作量
	项目建设成本情况	成本节约率	已完工项目成本总额/计划已完工项目成本总额
项目产出方面	项目建成提供公共产品数量和服务情况	新增公共产品数量和服务/总公共产品数量和服务	具体的公共产品和服务数量根据项目类型不同进行统计，比如铁路项目为新增铁路线长度/总铁路线长度
	项目运营情况	项目运营成本率	项目实际运营成本/预测运行成本
		项目收益率	项目实际收入/预测收入
项目效益方面	经济效益	专项债券资金偿还率	已偿还专项债券金额/未偿还专项债券金额
		项目利润率	项目销售利润总额/项目总产值
		税收贡献率	项目当年税收缴纳总额/当地税收总额
		当地经济增长贡献率	当年项目产值增量/当地 GDP 增量
	社会效益	投资单位增加就业率	投资单位就业岗位/当地总就业人数
		城镇化率	地区城镇人口/地区总人口
		社会有效投资增加率	带动社会有效投入/总投入
	生态效益	是否保护环境	水体污染治理达标率；优良天数率等；根据具体项目选择
	可持续发展能力	是否属于重大发展战略项目	
	公众满意度	项目运营公众满意度	根据公众满意度调查结果确定

（1）项目决策方面。项目决策环节，是专项债券项目的起点，主要包括专项债券项目立项批复情况，项目勘察、设计、用地、环评、开工许可等前期工作完成情况，项目是否符合专项债券支持领域和方向情况，项目是否兼具公益性和收益性，项目可行性报告的编制情况，项目绩效目标设定情况，项目申请专项债券额度与实际资金需求匹配情况等。评价指标设置主要是定性指标。

（2）项目过程管理方面。项目过程管理方面主要包括资金运用和项目管理。资金运用方面包括项目专项债券资金的收支、还本付息纳入政府性基金预算管理的情况、债券资金按规定用途使用情况、资金拨付和支出进度与项目建设进度匹配情况。项目管理情况包括财务和业务内部控制建设情况、内部控制有效性。定性和定量指标结合设置评价指标。

（3）项目产出方面。项目产出方面主要包括项目产出与项目投资备案、融资平衡方案、绩效目标的符合程度，专项债券本息偿还计划执行情况，项目建设质量达标情况，项目建设进度情况，项目建设成本控制情况，项目形成资产情况，项目建成后提供公共产品和服务情况等。定性和定量指标结合设置评价指标。

（4）项目效益方面。项目的效益包括经济效益、社会效益、生态效益、可持续影响、社会公众满意度。

6.5.3 权重赋值与审计评价

（1）层次分析法。本部分采用层次分析法进行指标权重计算，对每一层指标进行两两比较，比较的标准尺度采用1～9标度判断，并用1，2，…，9数值表示，对同一维度的指标进行两两比较，比如立项方面指标 A_{11} 值 > 比资金使用方面 A_{12} 值，代表 A_{11} 指标比 A_{12} 指标重要，通过标准尺度表进行数值设置，将每一层的指标分别组成相关判断矩阵 U，其中 $U_{ij}=1$，（i，j＝1，2，3，…，n），$U_{ij \times Cji}=1$，（i，j＝1，2，3，…，n）。

$$U=\begin{Bmatrix} u_{11} & \cdots & u_{1n} \\ \vdots & \ddots & \vdots \\ u_{n1} & \cdots & u_{nn} \end{Bmatrix}$$

计算判断矩阵U中每行元素的几何均值，计算结果组成数集，然后对数集的元素进行归一化处理，得到各指标在本层级的权重集 U^*，最后，进行一致性检验确定判断矩阵的合理性，计算结果如表6-7所示。

表6-7　　　　具体指标权重汇总结果

一级指标	权重	二级指标	权重	三级指标	权重
项目决策方面	50%	项目的公益性和收益性	15.93%	公益性和收益性	15.93%
		项目立项的合规性	12.74%	项目立项审批情况	4.3%
				项目投资领域合规性	4.2%
				项目建设审批手续齐备性	4.2%
		项目可行性	9.15%	项目可行性报告编制情况	9.15%
		绩效目标的合理性	6.93%	绩效目标设置情况	6.93%
		组合融资方式有效性	5.25%	资金匹配度情况	5.25%
	31%	债券资金合规使用情况	15.34%	债券资金合规使用情况	15.34%
		债券资金拨款进度	9.66%	财政拨付进度	5%
				项目单位支付进度	4.66%
		债券资金沉淀闲置情况	6.00%	资金闲置率	6.00%
项目过程管理方面	19%	债券资金监管情况	13.05%	债券资金监管制度建设和执行情况	13.05%
		项目建设进度情况	5.95%	项目完成情况	5.95%

由于评价新增债券项目立项环节和债券资金运用和管理环节，采用定性指标进行评价，进行综合评价时需要对定性指标定量化，采用分级描述法（见表6-8）。

表6-8　　　　定性指标分级量化办法

0分	不及格	及格	一般	良好	优秀
	60分以下	60~70分	70~80分	80~90分	90~100分

0分：指一票否决制指标，比如项目立项不满足公益性要求；
及格标准：项目指标内容基本执行，但执行中存在一定问题；
良好标准：项目指标内容按照制度严格执行。

（2）数据整理与审计评价。

①数据来源与整理。专项债券项目处在不同阶段，评价的侧重点各有不

同，本研究通过对评价指标和权重进行调整来实现不同阶段专项债券项目管理。本研究拟以J市2021年新增25个专项债券项目为绩效评价对象，进行指标和权重设置。由于本次绩效评价只针对2021年新增专项债券项目进行绩效评价，因此绩效评价指标设置只选取了立项和债券资金使用、管理环节的指标，指标权重采用发放问卷的形式进行打分来设置，采用层次分析法进行指标权重计算。问卷发放对象主要包括甘肃省审计厅、甘肃省财政厅及各地州市财政局、部分高校以及专项债券项目使用单位，共发放问卷74份，收回有效问卷74份（问卷设计及打分要求见附录1）。

由于J市新增专项债券项目绩效综合评价指标体系中的指标多为定性指标，为了能够加总计算，需要把定性指标转换为定量指标，指标打分按照上面的定性指标量化办法。

某一项目的新增地方政府专项债券项目绩效的综合得分计算公式：

$$Wi = \text{项目立项} \times 50\% + \text{资金运用} \times 31\% + \text{项目管理} \times 19\%$$

其中，项目立项环节得分等于项目立项环节的具体指标得分乘以权重，同理计算资金运用环节和项目管理环节的得分。

J市新增地方政府专项债券项目绩效综合得分 $= (W1 + W2 + \cdots + Wn)/n$

具体计算结果见附录2。

②审计综合评价。本次评价选择J市2021～2022年度20个新增专项债券项目作为评价对象。以2022年开展的J市地方政府专项债券审计工作获得的相关数据为依托，综合计算J市新增专项债券项目绩效评价综合得分为84分，处于良好水平，项目立项阶段得分为95分，处于优秀水平，债券资金运用环节得分为73分，处于一般水平。

J市2021～2022年新增地方专项债券总体情况如下：2021～2022年度J市新增专项债券总额9.96亿元，新增专项债券项目20个，主要投向城市停车场1项，卫生健康项目2项，城市冷链等物流基础设施1项，供水、供热、供气和地下管廊项目9项，文化旅游项目1项，城市垃圾处理项目1项，老旧小区改造2项，教育项目1项，环境治理2项。由于专项债券项目主要投向基础建设领域，项目建设周期超过一年以上，本次绩效评价工作主要针对新增专项债券项目，对新增专项债券的立项环节和项目建设环节进行绩效评价，J 市新增专项债券项目绩效评价综合评定良好，项目立项环节综合评定优秀，项目建设环节评定一般，分析发现存在以下问题，并提出改进建议。

6.5.4　J 市专项债券管理中存在的主要问题及原因分析

（1）项目立项方面。

①项目前期准备工作不足。项目建设审批手续不齐全，如断山口生活垃圾处理场封场项目开工前未取得建筑工程施工许可证，就申请了专项债券资金。

②项目可行性报告编制不够科学部分且项目可行性报告没有进行科学论证。比如，项目收入、成本、收益预测不合理，本息覆盖倍数过高，存在夸大项目收益、虚假编制项目预期收益与融资平衡方案等问题。

③项目绩效管理不到位。根据《项目支出绩效管理办法》和《地方政府专项债券资金绩效管理办法》等文件的有关规定，项目单位要对地方政府专项债券项目开展事前绩效评估、绩效目标管理等。J 市本级多个专项债券项目绩效目标设置不规范，14 个专项债券项目事前绩效评估结果审核不到位；6 个专项债券项目未按规定完成重点债券项目绩效评价工作。

（2）债券资金使用方面。

①部分专项债券资金存在违规使用问题。其中 4 个项目违规使用专项债券资金 6775. 07 万元；城市防洪排涝改造工程和地下管网建设工程（九期）因用途调整造成专项债券资金 266. 1 万元损失浪费。

②部分专项债券资金提前拨付。未执行国库集中支付制度，涉及专项债券资金 7. 15 亿元，有 2 家预算单位至今保留多个专户核算债券资金。

③部分资金存在闲置问题。7 个专项债券项目资金 1. 26 亿元闲置未发挥效益，增加利息负担 250. 7 万元。

（3）债券项目管理方面。

①未建立专项债券资金绩效跟踪监测机制。根据《地方政府专项债券资金绩效管理办法》规定，在专项债券资金使用过程中对专项债券资金预算执

行进度和绩效目标实现情况进行“双监控”。J 市 20 个项目都未对专项债券资金预算执行进度和绩效目标实现情况进行“双监控”，未有效对债券资金管理使用情况进行监管，穿透式、全过程动态监控未发挥作用。

②个别专项债券项目进展缓慢。新城供水水厂工程项目建设进度缓慢，资金缺口 416.52 万元

(4) 债券项目运行方面。由于本次审计工作主要针对 2021～2022 年新发专项债券项目进行审计，所以审计的重点集中在项目立项、项目建设环节，项目的运行环节不在本次绩效评价环节内。

6.6 结论及政策性建议

6.6.1 研究结论

地方政府专项债券作为地方政府重要的融资途径，发挥国家审计的监督职能、评价职能，对防范和化解债券风险具有重要意义。本部分在相关文献和理论的基础上，结合甘肃省审计开展的专项债券审计工作，基于全生命周期理论，沿着项目立项、项目建设、项目运营、项目反馈四个阶段进行审计内容、审计实施路径、评价指标的研究。地方政府专项债券是用于优化资源配置、稳定总需求和促进经济平稳健康发展的重要资金来源，专项债券发行和使用强调“资金跟着项目走”，债券项目复杂多样，不同区域的特点决定了审计工作面临的审计对象多样化。本部分针对专项债券项目进行了绩效评价指标体系设置，选择 J 市 2021～2022 年新增专项债券项目，对 J 市整体新增专项债券项目情况进行评价，由于评价对象只选择了新增专项债券项目，所以评价的重点在项目立项环节和项目建设阶段，未对项目运营环节和项目反馈环节进行评价。项目立项环节是专项债券进行跟踪评价、全程监督的依据，针对存在的问题，提出建立事前监督管理机制，完善项目储备、立项审批管理等建议；项目建设环节是及时发现项目执行过程中的问题，有针对性地提出调整方案，确保绩效目标顺利实现的基础，针对存在的问题提出建立

债券资金专户管理制度，落实专项债券资金绩效跟踪监测机制等建议。本部分尚未对专项债券项目运营阶段和项目反馈阶段进行深入研究，将其作为后续研究的方向。

6.6.2　政策性建议

（1）建立事前监督机制，补足和完善项目立项环节的工作。地方财政部门、项目主管部门以及项目实施单位等建立项目管理台账，建立立项审批、融资、建设运营全流程制度台账，严格按照《地方政府专项债券项目资金绩效管理办法》有关规定，落实项目事前绩效评估。项目储备时，判断专项债券资金支持的必要性和可行性，不具备条件的项目不能纳入项目库。项目融资发行时，对项目建设投资合规性与项目成熟度进行评价和测算；同时，还需要进一步评价项目资金来源和到位可行性，项目收入、成本、收益预测合理性，债券资金需求合理性，项目偿债计划可行性和偿债风险点，绩效目标合理性等，从源头上确保项目立项的必要性和可行性。

（2）建立专项债券资金专户管理制度，确保专款专用。地方财政部门加强专项债券资金的发行、使用、管理、偿还全过程管理。建立专项债券资金按项目专户管理，地方政府专项债券资金的使用必须严格按照债券发行对应的项目，只能通过该资金管理专户使用，专款专用，不得挤占、挪作其他项目使用；资金拨付环节严格按照工程进度，不得为了规避专项债券资金拨付和使用进度监管，提前拨付或转移资金，不得违规安排地方政府债务支出或债券资金长期闲置，造成资金闲置浪费。专项债券资金管理严格遵守“双控”管理制度，提高资金使用效率。

（3）落实专项债券资金绩效跟踪监测机制。财政部、发改委、人民银行、国家金融监督管理总局、证监会、地方财政厅局、项目单位、项目建设单位，建立动态资金检测平台，及时掌握项目资金使用、项目建设进度、项目运营管理等情况，严格专项债券资金绩效跟踪监测机制，建立专项债券全生命周期跟踪问效机制，定期进行项目绩效评估。建立项目内部控制制度，加强项目管理，跟踪项目进度，确保项目完成。

（4）健全政府债务项目和资金管理机制。加强项目审核评估，专项债券必须用于有一定收益的公益性项目，项目收益必须覆盖本息。加大重点领域投入，债券资金重点向交通、保障性安居工程、市政和产业园区基础建设等倾斜，严禁用于楼堂馆所等禁止类项目。对因准备不足短期内难以实施的项目，按规定程序调整用途，提高债券资金使用效益。制定专项债券项目资金绩效管理办法，设定绩效目标，逐步建立全生命周期绩效评价体系。规范地方政府债券信息公开平台管理，进一步推进地方政府债务信息公开，主动接受各方监督。

（5）积极防范化解政府债务风险。把违法违规举债作为一条不能触碰的“红线”，规范各级政府举债融资行为。完善跨部门联合监管机制，利用大数据平台，全面统计监测政府性债务变动情况。及时通报地方政府隐性债务风险等级评定结果，做到风险事件早发现、早报告、早处置，防止发生区域性风险事件。

附录 1

新增专项债券项目绩效评价指标重要性调查问卷

您好!

我们是兰州财经大学专项课题“地方政府专项债券审计研究”的研究团队成员，现就我省 J 市专项债券资金绩效评价问题进行问卷调查。此次调查为匿名制，我们承诺严格保守一切涉密信息，所得信息仅用于科学研究。

一、问题描述

此调查问卷以 2021 ~ 2022 年 J 市新增地方政府专项债券项目为调查对象，对多种影响因素使用层次分析法进行分析。指标构建如下：

	一级指标	二级指标	三级指标
新增专项债券绩效评价指标	项目立项	项目的公益性和收益性	公益性和收益性
		项目立项的合规性	项目立项审批情况
			项目投资领域合规性
			项目建设审批手续齐备性
		项目可行性	项目可行性报告编制情况
		绩效目标的合理性	绩效目标设置情况
		组合融资方式有效性	资金匹配度情况
	资金使用	债券资金合规使用情况	债券资金合规使用情况
		债券资金拨款进度	财政拨付进度
			项目单位支付进度
		债券资金沉淀闲置情况	资金闲置率
	项目过程管理	债券资金监管情况	债券资金监管制度建设和执行情况
		项目建设进度情况	项目完成情况

二、问卷说明

此问卷的目的在于确定 2021 ~ 2022 年 J 市新增地方政府专项债券项目立项环节、债券资金运用、项目管理环节绩效评价指标各影响因素的权重。调查问卷根据层次分析法（AHP）的形式设计。这种方法是在同一个层次对影响因素重要性进行两两比较。

衡量尺度划分为9个等级，其中9，7，5，3，1的数值分别对应绝对重要、十分重要、比较重要、稍微重要、同样重要，8，6，4，2表述重要程度介于相邻的两个等级之间。靠近左边的等级单元格表示左列因素比右列因素重要，在打分表中对应的数值打勾，标识您对这两项两两比较的判断矩阵。

三、新增地方政府专项债券项目绩效评价指标重要性打分表

（一）一级指标

评估“新增地方政府专项债券项目绩效评价”的相对重要性。

A	重要性比较																	B
项目立项	9	8	7	6	5	4	3	2	1	2	3	4	5	6	7	8	9	资金使用
项目立项	9	8	7	6	5	4	3	2	1	2	3	4	5	6	7	8	9	项目管理
资金使用	9	8	7	6	5	4	3	2	1	2	3	4	5	6	7	8	9	项目管理

（二）二级指标

1. 评估“项目立项”的相对重要性

下列各组两两比较要素，对于“项目立项”的相对重要程度如何？

A	重要性比较																	B
项目的公益性和收益性	9	8	7	6	5	4	3	2	1	2	3	4	5	6	7	8	9	项目立项的合规性
项目的公益性和收益性	9	8	7	6	5	4	3	2	1	2	3	4	5	6	7	8	9	项目的可行性
项目的公益性和收益性	9	8	7	6	5	4	3	2	1	2	3	4	5	6	7	8	9	绩效目标的合理性
项目的公益性和收益性	9	8	7	6	5	4	3	2	1	2	3	4	5	6	7	8	9	组合融资方式的有效性
项目立项的合规性	9	8	7	6	5	4	3	2	1	2	3	4	5	6	7	8	9	项目的可行性
项目立项的合规性	9	8	7	6	5	4	3	2	1	2	3	4	5	6	7	8	9	绩效目标的合理性
项目立项的合规性	9	8	7	6	5	4	3	2	1	2	3	4	5	6	7	8	9	组合融资方式的有效性
项目的可行性	9	8	7	6	5	4	3	2	1	2	3	4	5	6	7	8	9	绩效目标的合理性
项目的可行性	9	8	7	6	5	4	3	2	1	2	3	4	5	6	7	8	9	组合融资方式的有效性
绩效目标的合理性	9	8	7	6	5	4	3	2	1	2	3	4	5	6	7	8	9	组合融资方式的有效性

2. 评估“资金使用”的相对重要性

A	重要性比较																	B
债券资金拨款进度	9	8	7	6	5	4	3	2	1	2	3	4	5	6	7	8	9	债券资金合规使用情况
债券资金拨款进度	9	8	7	6	5	4	3	2	1	2	3	4	5	6	7	8	9	债券资金沉淀闲置情况
债券资金合规使用情况	9	8	7	6	5	4	3	2	1	2	3	4	5	6	7	8	9	债券资金沉淀闲置情况

3. 评估“项目过程管理”的相对重要性

A	重要性比较																	B
债券资金监管情况	9	8	7	6	5	4	3	2	1	2	3	4	5	6	7	8	9	项目进度建设情况

（三）三级指标

1. 评估“项目立项的合规性”的相对重要性

A	重要性比较																	B
项目建设审批手续齐备性	9	8	7	6	5	4	3	2	1	2	3	4	5	6	7	8	9	项目投资领域合规性
项目建设审批手续齐备性	9	8	7	6	5	4	3	2	1	2	3	4	5	6	7	8	9	项目立项审批情况
项目投资领域合规性	9	8	7	6	5	4	3	2	1	2	3	4	5	6	7	8	9	项目立项审批情况

2. 评估“债券资金拨款进度”的相对重要性

A	重要性比较																	B
项目单位支付进度	9	8	7	6	5	4	3	2	1	2	3	4	5	6	7	8	9	财政拨付进度

感谢您的配合与支持!

附录 2

J 市新增地方政府专项债券项目绩效评价指标评分计算表

绩效评价指标及权重	J 市草湖国家湿地公园项目	J 市城市公共停车场提升改造项目	J 市城市南区金港路以东基础设施建设工程——地下管网建设工程	J 市地下管网建设工程（六期）	J 市地下管网建设工程（七期）
项目立项环节 50%	47.88	50	47.88	47.88	47.88
公益性和收益性 15.93%	100	100	100	100	100
项目立项审批情况 4.3%	100	100	100	100	100
项目投资领域合规性 4.2%	100	100	100	100	100
项目建设审批手续齐备性 4.2%	100	100	100	100	100
项目可行性报告编制情况 9.15%	100	100	100	100	100
绩效目标设置情况 6.93%	70	100	70	70	70
资金匹配度情况 5.25%	100	100	100	100	100
资金使用环节 31%	29.87	31	31	31	29.59
债券资金合规使用情况 15.34%	100	100	100	100	100
财政拨付进度 5%	100	100	100	100	70
项目单位支付进度 4.66%	100	100	100	100	100
资金闲置率 6.00%	80	100	100	100	100
项目管理环节 19%	4.57	6.53	6.53	6.53	5.22
债券资金监管制度建设和执行情况 13.05%	0	0	0	0	0
项目完成情况 5.95%	70	100	100	100	80
合计 100%	82.32	87.53	85.41	85.41	82.69

计算说明：其他 15 个项目采用同样的计算方式，综合计算出每个项目的综合得分，然后计算平均值，得到 J 市新增专项债券项目的综合得分。计算过程通过 Excel 软件进行，其他 15 个项目考虑到篇幅原因，不再说明。

为了表达更直观，项目立项环节、资金使用环节、项目过程管理环节分项得分换算为百分制。例如，立项环节百分制得分 = 立项环节得分/权重。

第7章

企业负责人经济责任审计评价研究

领导干部经济责任审计是我国现行的集组织监督、纪检监督和审计监督于一体的审计制度安排，也是最具中国特色的一种审计类型。经济责任审计是中国特色社会主义审计监督制度的重要组成部分。2010 年 10 月中共中央办公厅、国务院办公厅印发的《党政主要领导干部和国有企业领导人员经济责任审计规定》在推动经济责任审计工作深化发展方面发挥了重要作用。为适应新形势新要求，完善经济责任审计制度，中共中央办公厅、国务院办公厅于 2019 年 7 月印发了《党政主要领导干部和国有企事业单位主要领导人员经济责任审计规定》。规定深入贯彻习近平新时代中国特色社会主义思想和党的十九大精神，坚持党对审计工作的集中统一领导，聚焦领导干部经济责任，既强化对权力运行的制约和监督，又贯彻“三个区分开来”的要求，对于加强领导干部管理监督，促进领导干部履职尽责、担当作为，确保党中央令行禁止具有重要意义。所谓经济责任审计，是指对党政领导干部以及企业法定代表人在任职期间所承担的经济责任履行情况进行的监督、鉴证和评价活动。经济责任审计的本质体现在对“人”的监督上，即以财政、财务收支审计和资产、负债、损益审计为基础，以被审计人任期内的经营业绩、相关经济行为和廉洁自律情况为审计重点，旨在加强和促进领导干部管理、深化企业监督。

7.1 引　言

7.1.1 研究背景及意义

（1）研究背景。经济责任审计是最具中国特色的一种审计类型，它把对单位的审计转变为对个人的审计，是一种审计对象“人格化”的审计。我国现行经济责任审计制度是20世纪80年代国家经济体制改革的产物，最早是在国有企业厂长（经理）承包（承租）经营期限届满时开展的离任审计；90年代中期，山东菏泽地区试点县级以下党政领导干部经济责任审计并取得了成功，开始在全国推广，至此，我国经济责任审计制度基本成型。1999年5月，中共中央办公厅、国务院办公厅联合发布了《县级以下党政领导干部任期经济责任审计暂行规定》和《国有及国有控股企业领导人员经济责任审计暂行规定》（以下简称两个暂行规定），标志着我国经济责任审计进入规范化发展时期。两个暂行规定不仅确立了对县级以下党政领导干部和国有企业领导人员经济责任审计的法律地位，而且在审计对象、范围、内容、程序、组织方式、责任界定等方面做了原则性规定。2001年中央纪委、中央组织部、监察部、人事部、审计署联合下发了《关于进一步做好经济责任审计工作的意见》，要求逐步开展县级以上党政领导干部经济责任审计试点工作，经济责任审计工作范围进一步扩大化。党的十六大报告提出从加强对权力的制约和监督的高度，从决策和执行等环节加强对权力的监督，重点加强对领导干部特别是主要领导干部的监督，加强对人财物管理和使用的监督，并明确提出要发挥司法和行政监察、审计等职能部门的作用。为贯彻落实党的十六大和十六届四中全会精神，切实加强对权力的制约和监督，促进提高领导干部的执政能力，进一步推动经济责任审计工作深入健康发展，中央纪委、中央组织部、监察部、人事部、审计署决定从2005年1月1日起将党政领导干部经济责任审计范围从县级以下党政领导干部扩大到地厅级。2006年修订的《审计法》明确了审计机关经济责任审计的法律地位，为审计机关开展经济责任审计进一步提供了法律依据。党的十七大报告首次将经济责任审计写入党的纲领性文件，并明确指出要重点加强对领导干部特别是主要领导干部、人财物管理使用、关键岗位的监督，健全质询、问责、经济责任审计、引咎辞职、罢免等制度。这是我党在深化政治体制改革、完善权力运行和监督机制方面再一次对审计监督提出的要求。2010 年 12 月，中共中央办公厅、国务院办公厅联合发布了《党政主要领导干部和国有企业领导人员经济责任审计规定》，把组织监督、纪检监督和审计监督有机结合起来，使党内监督制度更加完善。为适应新形势新要求，完善经济责任审计制度，中共中央办公厅、国务院办公厅于 2019 年 7 月印发了《党政主要领导干部和国有企事业单位主要领导人员经济责任审计规定》。（以下简称《规定》）。该《规定》深入贯彻习近平新时代中国特色社会主义思想和党的十九大精神，进一步明确了各级党委审计委员会对经济责任审计工作的统一领导和委托授权职责，对促进和提高新时代经济责任审计工作质量和水平具有十分重要的意义。

经济责任审计工作的重点是审计评价，因此，评价指标的建立非常重要。1999 年 6 月 1 日，财政部、国家经贸委、人事部和国家发展计划委员会联合发布了《国有资本金效绩评价规则》及《国有资本金效绩评价操作细则》；随后又于当年下发了相应的指标解释、计分方法、有关标准、行业基本分类等补充文件；此外，还由财政部统计评价司不定期地发布《年度国有资本保值增值标准值》，交通部也于 2002 年 9 月印发了《交通部行业财务指标管理办法》。应当说，上述文件所包含的评价指标体系共同构成了经济责任审计评价体系中的共性（通用）指标。与此同时，国家有关部门也要求不同审计主体（国家审计或内部审计）在进行经济责任审计时，可以根据实际情况，构建一定的个性评价指标，以满足经济责任审计工作的需要。

随着经济责任审计实践的不断开展，审计评价指标体系问题已成为影响和制约经济责任审计进一步发展和深化的“瓶颈”，建立一套规范、科学的评价指标体系是经济责任审计实务工作的迫切要求，也是审计理论发展的需要。毋庸置疑，现行审计评价指标固化、缺乏弹性，内容单一、偏重财务指标，形式单调、注重定性指标等缺陷突出。同时，由于缺乏专门针对领导干部经济责任审计的评价指标体系，致使在开展经济责任审计时因审计评价指标不统一、不规范、不完整、人为因素较大等原因，审计终结后作出的审计评价不能全面、准确、客观地反映领导干部履行经济责任的情况，审计质量不高。因此，有必要对此项目开展专题研究，探索并构建一整套适合领导干部经济责任审计评价的指标体系。

（2）研究意义。

第一，有助于推进经济责任审计工作的科学化。科学化的经济责任审计工作要求对领导干部履责情况进行量化考核、科学评价，既要肯定成绩，也要找准不足，以便如实反映其任职内是否正确地履行了受托责任。

第二，有助于为组织人事部门管理和使用干部提供科学、直观、明了的决策参考依据。我国现行干部人事管理制度明确规定，干部任免、奖惩、晋升等关键环节，必须进行经济责任审计。因此，只有建立一套科学的指标评价体系，才能据此作出客观公正的评价，以为组织人事部门评价和任用干部提供决策参考。

第三，有助于进一步提高经济责任审计质量，最大限度地降低和防范审计风险。经济责任审计是一种“人格化”的审计活动，即通过对“事”的审计进而达到对“人”的评价，因此，其本身具有较大的风险。只有建立科学的评价指标体系，运用先进的评价方法，才能避免人为的“主观性”，以便最大限度地控制和降低审计风险，确保审计质量。

第四，有助于营造领导干部勤政廉政、干事创业的社会氛围。将自然科学和社会科学很好地结合起来，将其先进的研究成果合理引入经济责任审计工作中，这无疑对促进经济责任审计工作实现制度创新和实务发展具有十分重要的意义。运用平衡计分卡原理，结合经济责任审计发展的新需要，建立一套能够兼顾财务与非财务、短期和远景、动态和静态相结合的评价指标体系，必将能够促进经济责任审计事业的发展，有助于调动和激励领导干部的积极性、创造性，从而为其干事创业、勤政廉政创造良好的社会氛围。

第五，有助于加强组织内部管理和控制，实现管理模式的制度化、规范化和标准化。科学管理是现代经济社会管理的基本要求，无论是公营部门还是私营部门，建立一套行之有效的、可量化的业绩评价标准，必将有助于增强其内部控制能力，实现管理模式的制度化、规范化和标准化。

7.1.2　文献综述

（1）经济责任审计评价指标的制度变迁。

①第一项经济责任审计制度：《国有企业及国有控股公司企业领导人员任期经济责任审计暂行规定》。该项制度并没有专门提及经济责任评价指标，只是涉及企业经济责任审计的内容，这些审计内容可能用到的指标主要包括财务指标和内部控制流程指标，具体包括企业领导人员在任职期间与企业资产、负债、损益目标责任制有关的各项经济指标的完成情况。由于企业领导人员目标责任在合同中予以约定，而每一份合同中规定的指标又有所不同，因此对经济责任审计评价指标没有统一的规定。

②第二项经济责任审计制度：《中央企业经济责任审计管理暂行办法》（已废止）。该项制度涉及的经济责任审计内容包括企业负责人任职期间经营成果的真实性、财务收支核算的合规性、资产质量变动状况、有关经营活动和重大经营决策负有的经济责任、执行国家有关法律法规情况、经营绩效变动情况六个方面。经济责任审计评价指标的构建应当围绕这六个方面来设计。该制度虽然提及企业负责人所应负担的主管责任和直接责任，但未提及评价责任的具体指标。

③第三项经济责任审计制度：《中央企业经济责任审计实施细则》。该项制度涉及的经济责任评价内容包括两个方面：一是评价企业绩效，即在财务收支审计的基础上，采用企业绩效评价指标体系，通过定量指标和定性指标相结合的方法，从企业的盈利能力、资产质量、债务风险、发展能力等财务绩效与管理绩效角度，对企业负责人任职期间的经营绩效进行全面分析和客观评价；二是经济责任评价，即根据对企业绩效评价的结论，综合考虑企业的发展能力、经营环境等方面因素，对企业负责人任职期间的主要经营业绩和应当承担的经济责任进行评估，并对其履行职责情况作出较为全面、客观和公正的评价结论。该制度开始明确区分企业绩效和领导人经营绩效，认为领导人绩效应当考虑企业的发展基础、经营环境等外部因素的影响，企业绩

效与领导人经营绩效的范围是有区别的。但是，该制度在评价经济责任方面缺乏有效的评价指标和评价标准，仅仅规定对中央企业绩效评价分为财务绩效定量评价和管理绩效定性评价，却没有规定相关的评价指标和评价标准。

④第四项经济责任审计制度：《关于加强中央企业经济责任审计工作的通知》。该项制度明确规定，企业应当结合《中央企业综合绩效评价管理暂行办法》，积极探索建立适合本企业的绩效评价体系，将绩效评价运用到经济责任审计工作中，科学评判经营者业绩，建立相应的约束激励机制。另外，《中央企业综合绩效评价实施细则》第五条规定，企业任期综合绩效评价工作，一般结合企业负责人任期经济责任审计组织实施。评价结果系根据综合绩效评价分数及分析得出的评价结论，其中分数用百分制表示，并分为优、良、中、低、差五个等级。可见，任期经济责任审计最终需要将各种指标值得出一个百分数，再分成五个等级。

（2）经济责任审计评价指标研究综述。客观地讲，我国的经济责任审计虽然发展迅速，但在审计评价标准、评价方法等方面依然很不规范，为此，理论界对经济责任审计评价指标的研究非常重视，提出了重新设计的构想。如王凤岐和金惠新（2002）认为经济责任审计内容的设计应该从政绩审计、财务审计和德能审计着手，注重审计策略和方法；河南省审计科研所经济责任审计评价科学化课题组（2005）提出了经济责任审计评价科学化的观点：根据国家审计准则进行审计评价，科学设置经济责任评价指标和分值，通过集体打分确保评价结果客观公正，依据得分多少划分档次进行审计综合评价等；黄昌兵和王耕农（2005）从定量角度探讨了建立党政领导干部经济责任审计评价指标体系的必要性和原则，并构建了一套适合地方党政领导干部经济责任审计工作需要的定量评价指标体系；北京理工大学课题组（2008）通过对企业领导人经济责任审计评价指标现状的分析，提出了“平衡计分卡在经济责任审计中应用”的设想；北京航空航天大学和审计署国防工业审计局联合课题组（2008）认为，高校行政负责人经济责任审计评价体系，应当包括财务收支管理、国有资产管理、内部控制管理、预算管理、专项资金管理、重大经济决策、基建项目管理、校办企业管理、学校发展能力以及领导人员个人廉洁自律十个方面；青岛市审计局课题组（2008）关于“部门领导干部经济责任审计评价方法研究”认为，部门经济责任审计评价指标应当包括经济决策、经济管理监督、经济执行和履行廉政职责四个方面，并建立了相应的具体评价指标体系。雷增弟（2010）从公路行业经济责任审计涉及的主要内容出发，通过对公路行业经济责任审计评价指标体系的设置原则、评价指标的分类和构成、评价标准和评价等级的确定、审计评价方法和步骤等的分析，构建了相对完善的公路运输行业经济责任审计评价指标体系。

上述研究成果表明：一方面，各方对经济责任审计评价指标的认同度很高，从指标体系的构成内容看，应当包括被审计人所在单位的财政财务收支状况的指标，被审计人所在单位、部门或地区综合经济状况、重大经济事项和重大投资项目的考核指标，以及被审计人遵守廉政规定的情况等指标；另一方面，各方对建立经济责任审计评价指标体系的观点是一致的，特别是通过引入科学的理论如平衡计分卡构建经济责任审计评价指标体系。然而，这些研究成果却没有专门针对某一特定行业如交通系统领导干部经济责任审计评价指标体系的研究，那么，如何构建甘肃省交通系统领导干部经济责任审计评价指标体系，正是本章研究所要解决的关键问题。

7.1.3　研究目标、方法及预期创新

（1）研究目标。本章的研究目标是：如何将平衡计分卡原理和技术合理引入经济责任审计评价指标中，构建一整套科学性、定量化经济责任审计的评价指标体系，并在实际工作中加以运用。

具体目标：一是通过对经济责任审计本质特征及要求的研究，分析国内外经济责任审计评价指标体系的研究现状，为科学、合理地构建甘肃省交通系统经济责任审计评价指标体系提供研究思路和研究方向；二是以交通运输业为例，分析和总结交通系统不同企业的经济业务特点，并分析现行的经济责任审计评价指标体系中存在的缺陷与不足；三是研究构建经济责任审计评价指标中应用平衡计分卡技术的必要性与可行性，以及运用平衡计分卡构建经济责任审计评价指标体系的基本思路；四是应用平衡计分卡原理，构建经济责任审计评价指标体系。该部分为本章研究的核心内容，首先是运用平衡

计分卡基本原理，构建适合不同行业的通用性定量、定性经济责任审计评价指标；其次是针对不同行业的特点，运用平衡计分卡基本原理构建专用性经济责任审计评价指标（含定量指标和定性指标）。

（2）研究方法。本章研究在坚持理论联系实践的基础上，采用实地调查方法考察甘肃省交通系统领导干部经济责任审计工作的现状、已有的成功经验及其存在的问题；采用经济学的分析方法，分析现有经济责任审计评价指标与方法的经济效应；采用定性分析和对策论分析的方法，重新构建基于平衡计分卡的经济责任审计评价指标体系。

（3）预期创新。本章研究以平衡计分卡基本原理为基础，通过借助信息化手段，针对不同行业构建一整套领导干部经济责任审计评价所需的指标体系。运用平衡计分卡进行审计评价的关键步骤是对审计数据进行综合处理。从审计评价指标体系的构成看，指标可分为两大类，一类是定性指标，如内部运作流程指标和学习与成长指标，另一类是定量指标，如财务指标和客户指标，这一类指标占指标体系的绝大多数。为此，确定平衡计分卡的评价指标权重十分重要。我们采用专家打分的方法，对不同的被审计单位根据其行业性质和业务特点进行打分，如对技术更新快、科技含量高的被审计单位，学习与成长性指标的权重就较大；而对于一般性被审计单位，财务指标的权重就应该相对大一些。对指标分值的收集与确定，我们将进一步区别定性指标和定量指标，其中，定性指标分值的收集将采用问卷调查法，同时，为避免主观判断所引起的失误，增加定性指标分值的准确性，拟采用隶属度赋值方法，将定性指标分成不同的档次，分别对应不同的分值。定量指标分值的收集按照指标的释义和被审计单位的具体情况确定。

7.2 经济责任审计的理论基础及评价指标的构建原则

7.2.1 经济责任审计的理论基础

经济责任审计产生的理论基础是受托经济责任关系。受托经济责任关系也称作委托代理关系。经济责任审计，首先是在国家所有者与国有及国有控股企业经营者信息不对称的条件下鉴别和防范败德行为的有力工具。国有及国有控股企业的所有者是国家，国家作为终极所有者享有其剩余索取权，国家通过委托代理关系将企业委托给国有资产管理部门进行管理与控制，国有资产管理部门再通过委托代理关系将这部分国有资产委托给企业领导人员进行经营管理，企业的实际控制权、决策权有很大一部分掌控在企业领导人员手中。由于国有资产通过层层委托代理关系最终经由企业领导人员决策和管理，而其剩余索取权归国家所有，这就可能产生企业领导人员的败德行为，领导人员可能利用职务之便为个人牟取私利，可能对国有资产漫不经心，更有甚者可能将自己手中对国有资产的控制权利与外来的个人利益进行交换，损公肥私，使国有资产大量流失。经济责任审计正是鉴别与防范企业领导人员败德行为的有力工具，通过对相关会计账项的审查，对领导人员重大职务决策的调查，可以有效发现领导人员在职期间各项经济活动的合法性和效益性，而且，经济责任审计制度的推行也将使企业领导人员深深牢记，自己是国家委托的经营管理者，对国有资产的保值增值负有义不容辞的责任，必然要通过经济责任审计的形式解除自己的受托经济责任。

7.2.2　构建经济责任审计评价指标的必要性及可能性

经济责任审计评价，是指审计机构或审计人员对被审计人任职期间所在单位的资产、负债、损益的真实性、合法性、效益性，以及被审计人个人履行经济责任、遵守财经纪律和廉洁自律等情况进行评判和界定的行为，它贯穿审计的全过程，而指标体系则是正确进行考核评价的利器。

自 2019 年中共中央办公厅和国务院办公厅颁布《党政主要领导干部和国有企业领导人员经济责任审计规定》后，经济责任审计的地位得以确定，有助于干部管理部门根据审计结果，结合考核情况，真实客观地评价干部政绩，实事求是地作出任免处理，有效地避免了仅凭以往经验和评议去评价干部的方式，使干部评价和任免有“据”可查；同时，通过经济责任审计可促使被审计单位增强遵纪守法和廉洁自律的意识。评价指标体系是根据评价目标和评价客体而设计的以指标形式体现的能反映评价对象特征的由一系列因素构成的体系。经济责任审计的核心问题是审计评价，而评价的最终目的是干部的任免，采用完整、系统的评价指标体系可对干部作出客观、全面、公平、公正、准确的评价，避免了主观随意性及审计人员素质参差不齐等可能导致的问题，同时对干部的评价进行横向和纵向的对比。因此建立必要的评价指标体系对经济责任审计工作是十分重要的。

评价指标体系可从经济责任的内容层面和经济责任的综合特征层面（即合法合规性、效益性和目标性）两个层面对领导人经济责任进行评价，每个方面设置不同的权数，审计人员可根据审计要求选择一个或两个方向进行评价。这套经济责任评价指标体系可作为经济责任审计的工作底稿，也可作为审计报告的一部分，帮助审计人员和干部管理部门评价领导人的经济责任。

7.2.3 经济责任审计评价指标的建立原则

第一，权责对等原则。权责对等是职级设计的基本要求，“权”是领导干部实施管理职能的基本权力，“责”则是在行使权力过程中应承担的责任。有权无责导致权力的滥用，有责无权就无法使权力落到实处。经济责任审计评价指标不能是有权无责，造成评价的缺位；也不能有责无权，导致评价越位。遵循权责对等原则设置指标体系是全面、客观公正地评价领导干部的基本要求。

第二，适用性原则。选择的经济指标要能够准确地量化反映领导人员的经营业绩。应结合被审计单位的行业特点、主要业务特征、生产工艺特征和技术特点、管理模式等，科学合理地选择那些与单位业务紧密相关，最能充分反映单位领导人员经营业绩的经济指标。

第三，可实现原则。经济责任审计的重要作用之一就是为干部管理部门考核、使用干部提供依据，从干部管理部门的角度来看，经济责任审计的内容越多、范围越广，干部使用的准确性就越高、风险就越小。但经济责任审计毕竟是一种特殊的审计，它的实施主要依靠审计部门、借助审计手段，因此，评价指标必须是审计手段能够实现的，不然的话，既会带来审计风险，也会由于无法审深审透从而造成评价失误，进而影响组织、人事部门正确使用干部。对于评价干部必不可少而常规审计手段又无法审深审透的个别指标，可借助联席会议制度或通过其授权，实施联合审计。

第四，指标分置原则。分置有两层含义：一是党政领导干部和企业领导人员的经济责任存在很大差异，指标体系的设置要分开进行。二是就单一种类的指标来说，也应分为基本指标、选择性指标和前瞻性指标等不同层次。基本指标是指经济责任审计必须完成的审计指标；选择性指标是充分考虑到经济责任审计的特殊性而设计的指标，该种指标依不同委托单位的特殊要求而设计，一般来说这类指标仅靠审计机关一家难以审深审透；前瞻性指标是从发展的观点设计的一类指标，该指标从目前看是不可行的，但随着社会及经济责任审计实践的深入，在未来有可能成为审计的指标，条件成熟的地区或部门也可进行试点。

第五，真实性与合法性相结合原则。所谓真实性衡量标准，是指衡量被审计单位所提供的会计资料真实、正确程度的标准。最常见的做法是将审计人员审定后发现的差错数据，与被审计单位会计资料所反映的数据进行比较，衡量其差错的程度。如资产负债表上反映的资产总值为 1000 万元，审查后发现有 100 万元的漏计和差错，那么差错率为 10%，而资产数据真实性为 90%。真实性衡量标准，既可以根据差错率确定，也可以根据正确程度确定。所谓合法性衡量标准，是指衡量被审计单位财政财务收支及有关经济活动合法、合规的标准。最常见的做法是将审计人员审定后发现的不合法、不合规的数据，与其相对的资金总量比较，从有关指标变动中了解领导人员任职期间工作的努力程度，了解被审单位的发展趋势和管理方面的改进情况。

第六，纵向指标与横向指标相结合，以横向指标为主原则。纵向指标是指自己与自己相比的指标，包括今年与去年、本期与前期、现任与前任的比较指标。横向指标是指同类行政单位、同类企业在外部环境和内部条件基本相同的情况下的比较指标。纵向指标考核事业的进步与否，横向指标则考核其发展的速度。一般情况下，纵向与横向指标的变化趋势是一致的。当变化不一致时，评价领导干部经济责任履行情况，应以横向指标为主。这些比较指标不必重新计算，可利用计算机技术自动生成。

第七，定量指标与定性指标相结合，以定量指标为主原则。定量指标是指能够用数值表示的指标，包括绝对数与相对数，如财政收入增长量与财政收入增长率、利润与利润率等。定性指标是指不能够直接用数值表示的指标，如内部控制制度的健全性与有效性。对于定性指标也要给予一定的权重，使其定量化，以避免评价时的随意性或以偏概全。

7.3 现行经济责任审计评价指标存在的主要问题

7.3.1 依据和标准陈旧，难以适应当前经济责任审计的要求

经济责任审计评价是经济责任审计的关键。然而，现行企业经济责任审计评价指标仍然沿用财务报表延伸效益审计评价指标及评价标准。这些评价指标的特征是过于偏重财务指标，而对非财务指标不够重视，特别是对现金流量分析不够重视。并且，评价指标缺乏综合体系，不适应定量评价的需要。此外，很难自下而上累加大量的非财务标准，也无法自上而下分解通用的财务指标。计量经济责任必然需要大量的非财务指标，但是交通系统都是较大企业，拥有诸多的下属单位，系统内部之间，受制于行业、规模及性质可能存在的差异，上下之间的非财务指标各异，导致上下级之间的非财务指标无法相加。而在上下层之间分解通用的财务指标也存在诸多难以克服的困难。

7.3.2 考核指标单一

目前经济责任审计使用的评价指标体系主要根据和企业经济状况相关的财务指标来制定，容易导致一些急功近利的领导干部一味强调短期财务成果，而不愿进行可能会降低当前盈利目标的资本投资去实现长期战略目标，以至于企业在短期业绩方面投资过多，而较少投资于企业长期的价值创造。同时，目前经济责任审计所涉及的企业大多数在国计民生中占据重要战略地

位，企业的经济战略往往不仅涉及企业的小经济，更重要的是还联系着整个国家的大经济，因此，在制定经济责任审计评价指标体系时，应该既要重视经济发展指标，又要重视社会发展指标。由此在经济快速发展、企业责任社会化的今天，领导干部履行职责通常涉及经济建设，社会事业发展和廉政建设等方面将更加宽泛，设置一套科学而合理的领导干部经济责任评价指标，成为目前经济责任审计的一个重要研究课题。

7.3.3 审计内容仍然停留在业务审计层面，没有吸收管理审计的特色和内容，没有考虑和计算经济增加值及未来现金流量的折现值

众所周知，被审计单位真实经济价值应是未来现金流量的折现值，因而真正的经济绩效存在于将来，当前无法直接观察和测量。经济责任审计需要根据将来推断被审计单位负责人的经济责任，为了这种推断，不得不依赖过去的经验数据，因而对未来的经济绩效的推断始终是不确定的。

7.3.4 不能评估企业的可持续发展能力

经济责任审计重点是对国有企业领导人员任职期间的履职情况进行评价。在以往计划经济中，一般按照计划制订企业的发展战略，而不是结合市场供需变化进行全面的发展战略规划，企业领导人往往在位一天谋事一日，没有将企业如何保持持久的竞争优势、如何保证企业的可持续发展放在首位考虑。目前，我国经济责任审计评价指标体系大多数建立在财务指标和目标的基础上，这些指标在实现企业长期战略目标方面取得的进展相互间联系很小。因此，经济责任评价体系不能很好地调动企业领导责任人积极有效地执行企业战略，导致不少企业只注重短期财务业绩。例如，在企业经营中，企业领导责任人只是追求短期效益，却对企业可持续发展欠缺考虑，而国有企业在整个国民经济中占有重要地位，往往掌控着大量稀缺资源，如果为了短期经济效益最大化而丧失了对企业其他责任的考虑，则有可能在短期内给企

业带来一定效益，但对企业的长远利益带来负面影响，最终妨碍企业战略目标的实现，严重的还会给国家的整体宏观经济造成不良影响。

7.4 基于平衡计分卡的经济责任审计评价指标构建

7.4.1 平衡计分卡基本原理

目前经济责任评价指标体系中，最受关注的当属平衡计分卡理论。平衡计分卡是由哈佛大学罗伯特·卡普兰（Robert S. Kaplan）教授和复兴方案咨询公司总裁戴维·诺顿（David P. Norton）于 1992 年提出的。它以企业价值最大化为目标导向，从财务、客户、内部流程、学习与成长这四个角度来考核公司绩效，评价公司战略。各个角度都用一系列相关指标进行描述和测度，并通过四者相互之间的因果关系构成一个完整的评价指标体系。在这四个维度中，财务绩效是最终目标，客户是关键，内部流程是基础，学习与成长是核心。它们之间的关系如图 7－1 所示。

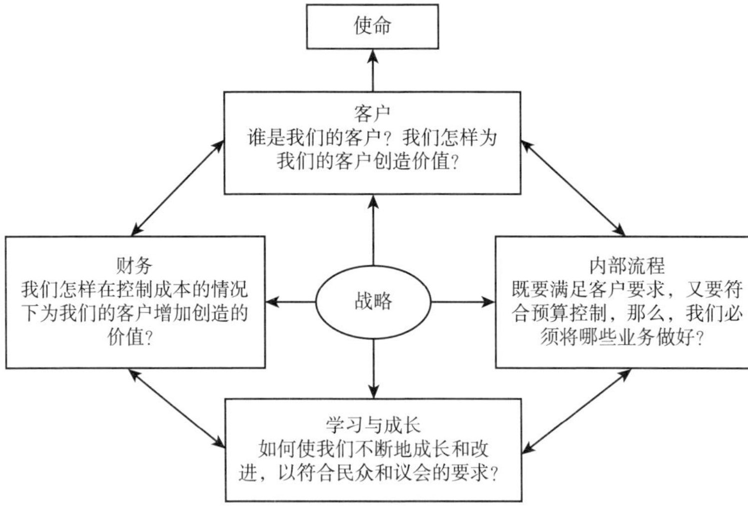

图 7－1　平衡计分卡各维度间的关系

（1）财务类指标分成长、维护和收获三个阶段考量，相应的总体指标有收入的增长、调整产品和服务的结构以实现增值、降低成本、提高效率、资产利用情况等。总体财务指标一般有投资报酬率、普通股报酬率以及经济附加价值。

（2）在客户方面，包括以客户和市场为基础的指标，一般有客户满意度、赢得客户、留住客户、客户盈利能力和市场份额。客户类指标有助于将特定客户与市场战略相连接，以创造出更多的客户，进而创造更好的财务结果。

（3）内部流程类指标反映的是产品生产和提供服务过程的一系列业务流程，平衡计分卡是管理领域的一个系统工程。正是借助这一系统工程的实施使企业将其战略转化为行动，基于各传统企业绩效评价方法的局限性，要涉及与价值链相对应的三种指标：创新、经营过程和售后服务，它们对于提高客户满意度和实现组织的财务目标有重大影响。

（4）学习与成长类指标反映的是一个组织为创造和保持长期的成长和发展所必需的基础性投资的状况，这类指标涉及员工的能力和态度、信息系统能力、激励机制三大部分。这类指标与前述的两类指标一样，也有利于实现组织的财务目标，使组织产生更多、更好的财务结果。

平衡计分卡打破了传统的只注重财务指标的业绩管理方法。平衡计分卡认为，传统的财务会计模式只能衡量过去发生的事情（落后的结果因素），但无法评估组织前瞻性的投资（领先的驱动因素）。在工业时代，注重财务指标的管理方法还是有效的。但在信息社会里，传统的业绩管理方法并非全面的，组织必须通过在客户、供应商、员工、组织流程、技术和革新等方面的投资，获得持续发展的动力。正是基于这样的认识，平衡计分卡认为，组织应从四个角度审视自身业绩：学习与成长、业务流程、客户、财务。

平衡计分卡反映了财务与非财务衡量方法之间的平衡、长期目标与短期目标之间的平衡、外部和内部的平衡、结果和过程平衡、管理业绩和经营业绩的平衡等多个方面。所以能反映组织综合经营状况，使业绩评价趋于平衡和完善，利于组织长期发展。这四类指标反映了组织的主要行为，提供了一个基本的组织经营模式，据此，审计师可以比以往更科学地评价组织的管理业绩。

7.4.2 基于平衡计分卡的经济责任审计评价指标构建

（1）应用平衡计分卡构建经济责任审计指标的步骤。

①明确被审计单位的愿景与战略。被审计单位的愿景与战略要简单明了，并对每一部门均具有意义，使每一部门可以采用一些业绩衡量指标去完成组织的愿景与战略。

②与被审计单位负责人进行讨论，以便对其愿景及战略达成共识。在此基础上，确立财务、客户、内部流程、学习与成长四个方面的具体目标。

③为上述四个方面的具体目标找准最具意义的业绩衡量指标。

④确定各个指标的权重。一般可采用两种方法确定指标权重：一是对于规模较小且没有下属单位的被审计单位，指标权重可采用经验法予以确定，如财务维度可占40%，客户、内部流程、学习与成长三个维度的比例各为20%，然后再计算出最终结果。二是利用主成分分析法确定各指标权重，即从财务、客户、内部流程、学习与成长四个维度分别进行主成分分析，确定公共因子，计算每个因子的方差贡献率，与各因子数值相乘，得出一个贡献率，分别计算出四个百分比。这种方法比较客观，也更符合实际情况，更值得推广。

⑤计算指标最终数值及确立被审计单位等级。被审计单位的最终绩效采用百分制形式，最高分为100分，最低分为0分。具体为：大于或等于90分为优秀；80～90分为良好；70～80分为一般；60～70分为及格；小于60分为不及格。

（2）基于平衡计分卡的经济责任审计评价指标构建。基于平衡计分卡在企业评价中所能够体现出的财务指标与非财务指标的平衡、长期目标与短期目标的平衡、外部和内部的平衡、结果和过程平衡、管理业绩和经营业绩的平衡等，能够抓住关键问题并找出原因，同时能反映企业综合经营状况，在企业的持续经营中能够起到良好的作用。因此，在经济责任审计评价指标体系中，可以将评价指标根据平衡计分卡的结构设立为四个层面的评价指标体系，即财务层面、客户层面、内部流程层面和学习与成长层面，并按一定的权重进行打分，最后按公式计算出综合评价分值。

①评价指标体系

一是财务层面（权重 48%）。根据有关学者的研究结果（保罗，2003），财务指标维度的权重比较大，它平均占潜在奖励额的 40% 左右，而客户、内部流程、学习与成长各占 20% 左右。为此，我们认为，财务层面的权重应当为 48%。财务层面定量评价指标由反映被审计单位会计信息质量、盈利能力状况、资产质量状况、债务风险状况四个方面情况的基本指标构成，用于综合评价被审计单位财务绩效状况。

会计信息质量状况由会计信息差错率和会计信息失真等级 2 个指标构成，用以评价被审计单位会计信息质量。

盈利能力状况用净资产收益率、总资产报酬率、成本费用利润率、资本收益率 4 个指标进行评价，主要反映被审计单位一定经营期间的投入产出水平和盈利质量。

资产质量状况用总资产周转率、应收账款周转率和不良资产比率、流动资产周转率指标进行评价，主要反映被审计单位所占用经济资源的利用效率、资产管理水平与资产的安全性。

债务风险状况用资产负债率、速动比率、现金流动负债比率、或有负债比率 4 个指标进行评价，主要反映被审计单位的债务负担水平、偿债能力及其面临的债务风险。

二是客户层面（权重 18%）。行业影响评价主要反映被审计单位主营业务的市场占有率、对国民经济及区域经济的影响力与带动力、主要产品的市场认可程度、是否具有核心竞争能力以及产业引导能力等方面的情况。

社会贡献评价主要反映被审计单位在资源节约、环境保护、吸纳就业、工资福利、安全生产、上缴税收、商业诚信、和谐社会建设等方面的贡献程度和社会责任的履行情况。

三是内部流程层面（权重 18%）。遵纪守法主要评价被审计人在任期间的个人廉政情况，特别是有无侵占国有资产、贪污受贿、私设“小金库”情况等。

内部控制评价主要反映被审计单位内部控制设计是否合理、健全，以及运行是否有效。

重大决策评价主要反映被审计人在任期间作出的重大经济决策是否规范、有效，可通过投资回报率、对外担保、借款损失率等指标加以评价。

四是学习与成长层面（权重 16%）。人力资源评价主要反映企业人才结构、人才培养、人才引进、人才储备、人事调配、员工绩效管理、分配与激励、企业文化建设、员工工作热情等方面的情况。

可持续发展状况用销售（营业）增长率、资本保值增值率、总资产增长率、技术投入比率 4 个指标进行评价，主要反映企业的经营增长水平、资本增值状况及发展后劲。

为了全面、客观、科学评价被审计单位领导人任期经济责任，依据平衡计分卡理论和国务院国资委发布的《企业绩效评价标准值》，可将评价指标分为共性指标和个性指标两部分，其中，共性指标为基本指标，适合交通系统各类性质的被审计单位。共性指标是评价经济责任的主要指标，占 80% 的权重；个性指标是针对部门和行业特点确定的适用于不同部门的指标，是共性指标的进一步细化与分设，应根据共性指标的内容，结合评价项目的不同特点确定。个性指标是评价经济责任的次要指标，占 20% 的权重。为此，可建立如表 7－1、表 7－2 所示的经济责任审计评价指标体系。

表 7－1　　基于平衡计分卡的经济责任审计评价指标（共性指标）

评价指标（100 分）			指标性质 评分依据	得分			
共性指标（80%）				审计人员 1（30%）	审计人员 2（30%）	审计组组长（40%）	综合得分
（一）财务指标（48 分）	会计信息质量（12 分）	差错率	定性指标，具体见后				
		失真等级	定性指标，具体见后				
	盈利能力（14 分）	净资产收益率	定量指标，具体见后				
		总资产报酬率	定量指标，具体见后				
		主营业务利润率	定量指标，具体见后				

续表

评价指标（100 分）			指标性质 评分依据	得　分			
共性指标（80%）				审计人员 1（30%）	审计人员 2（30%）	审计组组长（40%）	综合得分
（一）财务指标（48 分）	盈利能力（14 分）	资本收益率	定量指标，具体见后				
		成本费用利润率	定量指标，具体见后				
		盈余现金保障倍数	定量指标，具体见后				
	资产质量（10 分）	总资产周转率	定量指标，具体见后				
		应收账款周转率	定量指标，具体见后				
		不良资产比率	定量指标，具体见后				
		流动资产周转率	定量指标，具体见后				
		资产现金回收率	定量指标，具体见后				
	债务风险（12 分）	资产负债率	定量指标，具体见后				
		已获利息倍数	定量指标，具体见后				
		速动比率	定量指标，具体见后				
		现金流动负债比	定量指标，具体见后				
		带息负债比率	定量指标，具体见后				
		或有负债比率	定量指标，具体见后				
（二）客户指标（18 分）	行业影响（10 分）	市场占有率	定性指标，具体见后				
		客户满意度	定性指标，具体见后				
		废品率	定量指标，具体见后				
		售后服务成本	定性指标，具体见后				
		客户保持率	定性指标，具体见后				
	社会贡献（8 分）	人均利税额	定量指标，具体见后				
		节能减排目标完成率	定性指标，具体见后				
（三）内部流程指标（18 分）	遵纪守法（6 分）	个人廉政情况	定性指标，具体见后				
	内部控制（6 分）	健全性	定性指标，具体见后				
		有效性	定性指标，具体见后				

续表

评价指标（100分）			指标性质评分依据	得分			
共性指标（80%）				审计人员1（30%）	审计人员2（30%）	审计组组长（40%）	综合得分
（三）内部流程指标（18分）	重大决策（6分）	投资回报率	定量指标，具体见后				
		对外担保、借款等损失率	定量指标，具体见后				
	经营活动（分）	存货周转率	定量指标，具体见后				
	研发设计（8分）	R&D占营业额比例	定量指标，具体见后				
（四）学习与发展指标（16分）	人力资源（4分）	员工素质	定性指标，具体见后				
		员工满意度	定性指标，具体见后				
		人均脱产培训费用	定性指标，具体见后				
		高级管理技术人员流失率	定性指标，具体见后				
	可持续发展（8分）	销售增长率	定量指标，具体见后				
		资本保值增值率	定量指标，具体见后				
		销售利润增长率	定量指标，具体见后				
		总资产增长率	定量指标，具体见后				
		技术投入比率	定量指标，具体见后				
	信息系统（4分）	软硬件系统更新周期	定性指标，具体见后				

表7-2　　基于平衡计分卡的经济责任审计评价指标（个性指标）

评价指标（100分）		评分依据	得分			
个性指标（20%）			审计人员1（30%）	审计人员2（30%）	审计组组长（40%）	综合得分
财务信息合规、合法性（25分）	财务信息合规率	定量指标，具体见后				
	流动资产失真率	定量指标，具体见后				

续表

评价指标（100 分）		评分依据	得 分			
个性指标（20%）			审计人员 1（30%）	审计人员 2（30%）	审计组组长（40%）	综合得分
财务信息合规、合法性（25 分）	负债失真率	定量指标，具体见后				
	总资产失真率	定量指标，具体见后				
经营业绩状况（25 分）	目标利润完成率	定量指标，具体见后				
	工程项目完工比率	定量指标，具体见后				
	安全事故降低率	定量指标，具体见后				
	工程优质化比率	定量指标，具体见后				
日常管理状况（25 分）	材料收发控制	定性与定量指标，具体见后				
	款项支付控制	定性与定量指标，具体见后				
	成本结算控制	定性与定量指标，具体见后				
个人收入及廉洁专款（25 分）	个人收入状况	定性指标，具体见后				
	遵守财经纪律和廉洁自律情况	定性指标，具体见后				

②评分依据

1）会计信息差错率，分别计算资产、负债、所有者权益和利润 4 项差错率。

$$差错率 = (调增额 + 调减额) \div 审计金额 \times 100\%$$

或者分别计算：

$$虚增不实率 = (审计金额 - 审定金额) \div 审计金额 \times 100\%$$

$$虚减不实率 = (审定金额 - 审计金额) \div 审定金额 \times 100\%$$

2）会计信息失真等级，差错率小于 5% 为真实；差错率在 5% ~10% 为基本真实；差错率大于 10% 为不真实。对真实与否的评价，除上述定量评价外，还应根据失真的性质和产生的影响，对定量评价进行修正，作出客观评价。

3）净资产收益率，用来衡量被审计单位运用自有资本获得收益的能力。

$$净资产收益率 = 净利润 \div 平均净资产 \times 100\%$$

$$平均净资产 = (任职初净资产 + 离任时净资产) \div 2$$

根据国资委发布的《企业绩效评价标准值》，以交通运输业为例，全行业的净资产收益率大于9.5%为优秀；在6.1%～9.5%为良好；在2.8%～6.1%为平均；在-3.2%～2.8%为较低；在-9.4%～-3.2%为较差。

4）总资产报酬率，用来衡量被审计单位运用全部资产获利的能力，综合性强。

$$总资产报酬率 = (利润总额 + 利息支出) \div 平均总资产 \times 100\%$$

$$平均总资产 = (任职初总资产 + 离任时总资产) \div 2$$

根据国资委发布的《企业绩效评价标准值》，交通运输业全行业的总资产报酬率大于7.8%为优秀；在4.7%～7.8%为良好；在2.5%～4.7%为平均；在0.5%～2.5%为较低；在-2.9%～0.5%为较差。

5）总资产周转率，用来评价被审计单位全部资产经营质量和利用效率。

$$总资产周转率 = 销售（营业）收入 \div 平均总资产$$

$$平均总资产 = (任职初总资产 + 离任时总资产) \div 2$$

根据国资委发布的《企业绩效评价标准值》，交通运输业全行业的总资产周转率大于1.2为优秀；在0.8～1.2为良好；在0.4～0.8为平均；在0.3～0.4为较低；在0.1～0.3为较差。

6）应收账款周转率，用来衡量被审计单位应收账款周转的快慢。

$$应收账款周转率 = 销售净收入 \div 平均应收账款余额$$

$$平均应收账款余额 = (任职初应收账款余额 + 离任时应收账款余额) \div 2$$

根据国资委发布的《企业绩效评价标准值》，交通运输业全行业的应收账款周转率大于21.3为优秀；在12.6～21.3为良好；在6.4～12.6为平均；在4.0～6.4为较低；在2.6～4.0为较差。

7）资产负债率，用于衡量被审计单位负债高低及资本结构情况的指标。

$$资产负债率 = 负债总额 \div 资产总额 \times 100\%$$

根据国资委发布的《企业绩效评价标准值》，交通运输业全行业的资产负债率小于41.6%为优秀；在41.6%～51.9%为良好；在51.9%～64.1%为平均；在64.1%～84.0%为较低；在84.0%～93.5%为较差。

8）已获利息倍数，用于衡量被审计单位对债务利息的承担能力。

$$已获利息倍数 = (利润总额 + 利息支出) \div 利息支出$$

根据国资委发布的《企业绩效评价标准值》，交通运输业全行业的资产负债率大于5.3为优秀；在3.8～5.3为良好；在2.7～3.8为平均；在0.6～2.7为较低；在－0.9～0.6为较差。

9）市场占有率，又称市场份额（market shares），指一个企业的销售量（或销售额）在市场同类产品中所占的比重。用来衡量被审计单位所提供的商品和劳务对消费者和用户的满足程度，以及被审计单位在市场上所处的地位。可通过市场调查取得相关资料并予以评价。市场占有率越高，企业的经营绩效就越好。

10）客户满意度，又称客户满意指数，用来衡量被审计单位销售的产品或提供的服务在客户期望值与客户体验之间的匹配程度。可通过客户调查取得相关资料并予以评价。客户满意度越高，企业的经营绩效就越好。

11）废品率，用来衡量被审计单位生产效率和效果，通常用废品数量除以合格品数量与废品数量之和来表示。可通过现场调查取得相关资料并予以评价。废品率越低，企业的经营绩效就越好。

12）人均利税额，是指被审计单位一定时期实现的全部利税额与其全部职工平均人数之比。用来衡量被审计单位实现的社会效益的程度。可通过审查会计资料取得相关数据并予以评价。人均利税额越高，企业的社会贡献就越大。

13）节能减排目标完成率，用来衡量被审计单位实现的环境效益程度。可通过审查会计及其他相关资料取得数据并予以评价。节能减排目标完成率越高，企业的社会贡献就越大。

14）个人廉政情况，用来评价被审计单位领导人员有无侵占国有资产，以及个人贪污、受贿、挪用、私分等经济犯罪问题。未发现问题的可不予以评价。

15）内部控制健全性。通过对内部控制的调查、了解和初步评价，运用审计人员的专业判断，确定被审计单位是否建立健全了内部控制制度。如果所有的控制点齐全，达到控制目标，各项制度均符合内部控制规范的要求，可评为健全；如果控制点基本齐全，基本达到控制目标，各项制度基本符合内部控制规范的要求，可评为基本健全；如果关键控制点有疏漏，出现重大违纪违规问题，不能满足控制目标的要求，可评为不健全。

16）内部控制有效性。通过对内部控制的测试和最终评价，运用审计人员的专业判断，确定被审计单位的内部控制制度是否得到了有效执行。如果内部控制健全，关键岗位人员的资格和能力能够胜任控制职能，实现控制目标，可评为有效；如果内部控制健全，但有关人员的胜任能力与控制目标存在一定的差距，可实现控制目标，没有出现重大控制漏洞，可评为基本有效；如果内部控制健全，但没有配备具有相应资格的控制人员，出现重大违规违纪问题，没有实现控制目标，可评为无效。

17）投资回报率，用来衡量被审计单位对外投资获得的报酬率，进而评价领导者所作出的投资决策的绩效。

$$投资回报率=收到投资收益（亏损）\div 投资本金\times 100\%$$

计算和评价时，重点关注企业领导人员任期内新增投资回报。

18）对外担保、借款等损失率，用来衡量和评价被审计人在任期间所作出的对外担保、借款等经济决策发生失败及损失的情况。

$$对外担保、借款等损失率=损失金额\div 担保或借款额\times 100\%$$

19）员工素质，用来衡量和评价被审计人在培训和提升员工的整体素质方面的工作绩效。可通过对员工的知识、技巧、品质以及工作能力等方面的评价进行考量。

20）员工满意度，用来衡量一个员工对企业所感知的效果与他的期望值相比较后所形成的感觉状态，是员工对其需要已被满足程度的感受。也反映了企业员工对领导者的认可度。可通过对被审计单位员工进行抽样调查来获取信息。

21）销售增长率，用来衡量和评价被审计单位成长状况和发展能力。

$$销售增长率=本年销售（营业）增长额\div 上年销售（营业）额\times 100\%$$

根据国资委发布的《企业绩效评价标准值》，交通运输业全行业的销售增长率大于17.0%为优秀；在8.6%～17.0%为良好；在1.2%～8.6%为平均；在-7.3%～1.2%为较低；在-17.7%～-7.3%为较差。

22）资本保值增值率，用来衡量和评价被审计单位权益性资本的完整性和保全性。

$$资本保值增值率=离任时的所有者权益\div 任职初的所有者权益\times 100\%$$

根据国资委发布的《企业绩效评价标准值》，交通运输业全行业的资本保值增值率大于109.0%为优秀；在104.3%～109.0%为良好；在102.1%～104.3%为平均；在96.7%～102.1%为较低；在89.5%～96.7%为较差。

23）软硬件系统更新周期，用来衡量和评价被审计单位在管理及信息化建设方面的成效。通常，软硬件系统更新周期越短，则企业发展潜力越大；反之，则相反。

24）主营业务利润率，用来衡量和评价被审计单位主营业务活动的获利水平。

$$主营业务利润率=主营业务利润\div 主营业务收入\times 100\%$$

根据国资委发布的《企业绩效评价标准值》，交通运输业全行业的主营业务利润率大于17.2%为优秀；在12.6%～17.2%为良好；在7.2%～12.6%为平均；在1.7%～7.2%为较低；在-4.4%～1.7%为较差。

25）资本收益率，用来衡量和评价被审计单位运用投资者投入的资本获得收益的能力。

$$资本收益率=归属于母公司所有者的净利润\div 平均资本\times 100\%$$

$$平均资本=\left[\left(\begin{matrix}任职初\\实收资本\end{matrix}+\begin{matrix}任职初\\资本公积\end{matrix}\right)+\left(\begin{matrix}离任时\\实收资本\end{matrix}+\begin{matrix}离任时\\资本公积\end{matrix}\right)\right]\div 2$$

根据国资委发布的《企业绩效评价标准值》，交通运输业全行业的资本收益率大于10.5%为优秀；在6.5%～10.5%为良好；在2.9%～6.5%为平均；在-3.7%～2.9%为较低；在-10.0%～-3.7%为较差。

26）成本费用利润率，用来衡量和评价被审计单位一定时期利润总额与成本费用的合理关系。

$$\text{成本费用利用率} = \text{利润总额} \div \text{成本费用总额} \times 100\%$$

$$\text{成本费用总额} = \begin{matrix}\text{主营业务}\\\text{成本}\end{matrix} + \begin{matrix}\text{主营业务}\\\text{税金及附加}\end{matrix} + \begin{matrix}\text{经营}\\\text{费用}\end{matrix} + \begin{matrix}\text{管理}\\\text{费用}\end{matrix} + \begin{matrix}\text{财务}\\\text{费用}\end{matrix}$$

根据国资委发布的《企业绩效评价标准值》，交通运输业全行业的成本费用利润率大于11.3%为优秀；在7.6%～11.3%为良好；在3.6%～7.6%为平均；在-2.7%～3.6%为较低；在-9.0%～-2.7%为较差。

27）盈余现金保障倍数，用来衡量和评价被审计单位一定时期经营现金净流量与净利润的比率。

$$\text{盈余现金保障倍数} = \text{经营现金净流量} \div \text{净利润}$$

根据国资委发布的《企业绩效评价标准值》，交通运输业全行业的盈余现金保障倍数大于8.7为优秀；在3.2～8.7为良好；在1.4～3.2为平均；在-0.3～1.4为较低；在-2.1～-0.3为较差。

28）不良资产比率，用来衡量和评价被审计单位资产营运的质量和效果。

$$\text{不良资产比率} = \text{年末不良资产总额} \div \text{年末全部资产总额} \times 100\%$$

根据国资委发布的《企业绩效评价标准值》，交通运输业全行业的不良资产比率小于0.1%为优秀；在0.1%～1.1%为良好；在1.1%～2.9%为平均；在2.9%～6.2%为较低；在6.2%～11.8%为较差。

29）流动资产周转率，用来衡量和评价被审计单位资金的回收速度及其增值程度。

$$\text{流动资产周转率} = \text{主营业务收入} \div \text{平均流动资产总额} \times 100\%$$

$$\text{平均流动资产总额} = (\text{任职初流动资产总额} + \text{离任时流动资产总额}) \div 2$$

根据国资委发布的《企业绩效评价标准值》，交通运输业全行业的流动资产周转率大于 3.0 为优秀；在 2.0 ~ 3.0 为良好；在 1.4 ~ 2.0 为平均；在 1.2 ~ 1.4 为较低；在 1.0 ~ 1.2 为较差。

30）资产现金回收率，用来衡量和评价被审计单位现金资产的营运效率和效果。

$$资产现金回收率 = 经营现金净流量 \div 平均资产总额 \times 100\%$$

$$平均资产总额 = (任职初资产总额 + 离任时资产总额) \div 2$$

根据国资委发布的《企业绩效评价标准值》，交通运输业全行业的资产现金回收率大于 27.5% 为优秀；在 14.8% ~ 27.5% 为良好；在 3.4% ~ 14.8% 为平均；在 −2.2% ~ 3.4% 为较低；在 −11.1% ~ −2.2% 为较差。

31）速动比率，用于衡量和评价被审计单位在某一时点偿付即将到期债务的能力。

$$流动比率 = 速动资产 \div 流动负债 \times 100\%$$

$$速动资产 = 流动资产 - 存货$$

根据国资委发布的《企业绩效评价标准值》，交通运输业全行业的速动比率大于 140% 为优秀；在 108.8% ~ 140% 为良好；在 79.0% ~ 108.8% 为平均；在 59.4% ~ 79.0% 为较低；在 44.8% ~ 59.4% 为较差。

32）现金流动负债比，用于衡量和评价被审计单位在某一时点上运用随时可变现资产偿付即将到期债务的能力。

$$现金流动负债比 = 经营现金净流量 \div 流动负债 \times 100\%$$

根据国资委发布的《企业绩效评价标准值》，交通运输业全行业的现金流动负债比大于 28.3% 为优秀；在 20.6% ~ 28.3% 为良好；在 11.2% ~ 20.6% 为平均；在 −2.5% ~ 11.2% 为较低；在 −11.3% ~ −2.5% 为较差。

33）带息负债比率，用于衡量和评价被审计单位在某一时点带息负债与负债总额之比。

$$\begin{matrix}带息负债\\比率\end{matrix} = \left(\begin{matrix}短期\\借款\end{matrix} + \begin{matrix}一年内到期的\\非流动负债\end{matrix} + \begin{matrix}长期\\借款\end{matrix} + \begin{matrix}应付\\债券\end{matrix} + \begin{matrix}应付\\利息\end{matrix}\right) \div \begin{matrix}负债\\总额\end{matrix} \times 100\%$$

根据国资委发布的《企业绩效评价标准值》，交通运输业全行业的带息负债比率小于40.8%为优秀；在40.8%～51.7%为良好；在51.7%～62.3%为平均；在62.3%～74.3%为较低；在74.3%～92.8%为较差。

34）或有负债比率，用来衡量和评价被审计单位在某一时点或有负债占所有者权益的比重，即权益资本对或有负债的保障能力。

$$或有负债比率 = 或有负债余额 \div 所有者权益 \times 100\%$$

$$或有负债余额 = \begin{matrix}已贴现承兑\\汇票\end{matrix} + \begin{matrix}担保\\余额\end{matrix} + \begin{matrix}贴现与担保外的\\被诉事项金额\end{matrix} + \begin{matrix}其他或\\有负债\end{matrix}$$

根据国资委发布的《企业绩效评价标准值》，交通运输业全行业的或有负债比率小于0.5%为优秀；在0.5%～1.4%为良好；在1.4%～5.9%为平均；在5.9%～14.4%为较低；在14.48%～23.7%为较差。

35）售后服务成本，用来衡量和评价被审计单位对其销售的商品或提供的劳务所投入的各种成本，反映了被审计单位对顾客的积极态度。售后服务成本与一般性成本的区别在于，它是事后成本，即产品完成销售并核算利润后才逐步体现的成本，它对销售利润、经营业绩、企业资产的影响是隐性和滞后的。可通过对被审计单位一定时期的会计资料以及其他资料的审查进行评价。

36）客户保持率，客户保持率是指被审计单位继续保持与老客户交易关系的比例。该指标可用现有顾客交易增长率来描述。

$$现有顾客交易增长率 = \left(\begin{matrix}本期顾客\\交易额\end{matrix} - \begin{matrix}上期顾客\\交易额\end{matrix}\right) \div 上期顾客交易额$$

客户保持率越高，企业的经营绩效越好；反之，则相反。

37）存货周转率，用来衡量和评价被审计单位在一定时期内存货资产的周转次数，表明其垫付资金的回收速度，即资金增值的效益性。

$$存货周转率 = 主营业务成本 \div 平均存货余额$$

$$平均存货余额 = (任职初存货余额 + 离任时存货余额) \div 2$$

根据国资委发布的《企业绩效评价标准值》，交通运输业全行业的存货周转率大于26.2为优秀；在18.4～26.2为良好；在12.8～18.4为平均；在9.8～12.8为较低；在5.9～9.8为较差。

38）R&D 占营业额比例，用来衡量和评价被审计单位研究与开发支出占营业额的比重。比重越高，企业内部运营越好，发展潜力越大；反之，则相反。

39）人均脱产培训费用，用来衡量和评价被审计单位在某一时期平均用于员工脱产培训的费用额度。人均脱产培训费用越高，企业内部运营越好，发展潜力越大；反之，则相反。

40）高级管理技术人员流失率，用来衡量和评价被审计单位在某一时期内高级管理技术人员流失程度。流失率越高，企业内部管理越差，发展潜力越小；反之，则相反。

41）销售利润增长率，用来衡量和评价被审计单位在某一时期财务效益的发展状况。

$$\text{销售利润增长率}=\left(\text{离任时的主营业务利润}-\text{任职初的主营业务利润}\right)\div\text{任职初的主营业务利润}\times 100\%$$

根据国资委发布的《企业绩效评价标准值》，交通运输业全行业的销售利润增长率大于13.8%为优秀；在6.6%～13.8%为良好；在0.8%～6.6%为平均；在-11.7%～0.8%为较低；在-20.1%～-11.7%为较差。

42）总资产增长率，用来衡量和评价被审计单位在某一时期资产总额的增长状况。

$$\text{总资产增长率}=\left(\text{离任时的资产总额}-\text{任职初的资产总额}\right)\div\text{任职初的资产总额}\times 100\%$$

根据国资委发布的《企业绩效评价标准值》，交通运输业全行业的总资产增长率大于22.8%为优秀；在12.2%～22.8%为良好；在8.8%～12.2%为平均；在-3.5%～8.8%为较低；在-11.9%～-3.5%为较差。

43）技术投入比率，用来衡量和评价被审计单位一定时期内在技术研发和创新方面投入资金的效率和效果。

$$\text{技术投入比率}=\text{离任时的科技支出合计}\div\text{主营业务收入}\times 100\%$$

根据国资委发布的《企业绩效评价标准值》，交通运输业全行业的技术投入比率大于0.9%为优秀；在0.6%～0.9%为良好；在0.4%～0.6%为平均；在0.3%～0.4%为较低；在0.1%～0.3%为较差。

7.5 基于平衡计分卡的经济责任审计评价标准及其应用

7.5.1 评价标准

经济责任审计评价定性指标分值的确定，国际上普遍采用问卷调查法。为避免主观判断所引起的失误，增加定性指标分值的准确性，可采用隶属度赋值方法，将单项定性指标分成5个档次，分别对应不同分值。单项定性指标评价为“好”得100分，评价为“较好”得75分，评价为“一般”得50分，评价为“较差”得25分，评价为“差”得0分进行计算，各单项指标最后平均加权计算出该层面的得分。

经济责任审计评价定量指标分值可采用加权平均法计算：①计算各指标的实际值；②用各指标的实际值除以标准值，乘以该指标的分值，再乘以评价内容的权数（各类评价内容权数合计为100%）；③汇总得出定量指标的总分。标准值可采用本单位历史年度该指标平均值或本行业该指标平均值（建议选择国务院国资委制定的《企业绩效评价标准值》）。同类评价内容中各指标所占分值（分值合计为100分）由审计人员依据审计任务的实际情况设定。

综合评价分数＝共性指标分值×80%＋个性指标分值×20%

共性指标分值＝财务层面评价分数×48%＋客户层面评价分数×18%
＋内部流程层面评价分数×18%
＋学习与发展层面评价分数×16%

个性指标分值＝财务层面评价分数×48%＋客户层面评价分数×18%
＋内部流程层面评价分数×18%
＋学习与发展层面评价分数×16%

综合分值的计算应当运用加权平均法，即由审计组组长和另外两名成员分别独立进行计算，然后再按照40%、30%、30%的权重计算最终分值。最终分值大于或等于 90 分为优秀，大于等于 80 分且小于 90 分为良好，大于等于 70 分且小于 80 分为中等，大于等于 60 分且小于 70 分为一般，小于 60 分为较差。

7.5.2　评价应用

在基于平衡计分卡的经济责任审计评价中，平衡计分卡是作为一种审计工具和手段而被运用于审计操作过程中的。审计人员在开展经济责任审计时，先确定的是审计总体目标。这个总体目标对于项目来讲，可能是人大立法的目标，也可能是可行性研究确定的目标或项目章程宗旨规定的目标，还可能是专家建议的目标；对政府职能部门来说一般是法定职责。政府部门的法定职责在相关的法律中有规定，如审计机关的职责在《审计法》中有明确规定。

政府部门一般提供公共服务，因此，对党政领导干部进行经济责任审计时，其评价指标体系的构建应先从客户入手，再设计内部流程、学习与成长，以及财务类指标。当然财务类指标包括成本和效益类指标，对于部门领导还应考虑政府财力和吸引外资的增长。然后将审计总体目标分解为平衡计分卡的各个层面的分目标，并按照设计原则设计具体指标（可以是定量指标也可以是定性指标）、目标值（可以参考标杆），在此基础上计算、统计指标值，结合目标值对指标值进行分析比较，看是否有利于审计目标的实现，最终形成审计意见。

总之，应用平衡计分卡理论进行经济责任审计时，求得平衡计分卡总分值并非整个工作的根本，最主要的是对平衡计分卡各维度的具体指标数据进行比较。比较可分横向与纵向、内部与外部、客观与主观、短期与长期等几个层面进行，如被审计单位指标与其平衡计分卡指标比较、被审计单位内部各部门指标与他们各自的平衡计分卡指标比较，以及预算值与实际值的平衡计分卡比较。

7.6 研究结论、问题及对策

7.6.1 研究结论

建立经济责任审计评价指标体系，目的在于正确评价领导干部任期业绩、明确经济责任，把较为抽象的责任目标和考核标准进一步具体化，通过数量特征和质量关系对领导干部任期责任的履行情况进行评价。

指标体系的设置应当体现经济责任为主的原则，因为审计机关为完成对党政领导干部和企业领导人员监督职能而实行的经济责任审计，所检查和评价的是经济行为和经济责任，重点是直接经济责任，还包括与经济责任有关的主管责任，这是由审计机关的职责和权限决定的。盲目扩大审计评价范围、滥用审计职权，势必人为加大经济责任的审计风险。

指标体系的设置应当系统化、规范化，指标选取应尽量与财政部、国资委等权威部门颁布的相关经济指标相吻合，并且能够全面反映领导干部的经济责任。

平衡计分卡无论是在管理中还是经济责任审计评价中有诸多可以借鉴的地方，而且在我国也受到越来越高的重视，随着我国企业改革的不断深入，企业的领导责任人也越来越认识到科学管理的必要性。将平衡计分卡用于经济责任审计评价指标体系中是吸取西方先进管理经验，借鉴先进管理方法的一种创新，在创新过程中，要把握好尺度，不能盲目全盘套用，而是要根据经济责任审计的评价目标来取舍，结合国有企业的特点来进一步探索，使得经济责任审计评价指标体系有更广泛的使用价值和适应性。因此，平衡计分卡在经济责任审计评价指标体系中的运用仍然需要较长的时间和大量的实践来研究和完善，绝非一蹴而就之事。

7.6.2　可能存在的问题及对策

经济责任审计是一种高风险的审计评价活动，现实中，有没有能够精确测量领导干部经济责任履行情况的指标体系？答案并不明确。原因是，一方面，需要评价的对象非常复杂、抽象，难以准确测量；另一方面，现行体现领导干部经济责任情况的主要数据来源于财务会计资料，这些财务资料的可靠性却值得商榷，平衡计分卡的出现已足以说明这一问题。当然，目前尚没有更好的办法来取代平衡计分卡，所以还必须用它来进行经济责任审计评价。

本部分虽然构建了上述指标体系，却主要涉及的是经济责任（财务指标），较少涉及政治责任和社会责任指标。因此，依然存在如下问题。

一是指标体系的构成、维度和涵盖的内容仍然比较单薄。从任期经济责任审计的目标要求看，评价指标应当非常广泛、深入，比如国资委2010年版《企业绩效评价标准值》中规定，国有企业有5个方面27个指标（其中盈利能力指标6个，资产质量状况指标5个，债务风险状况指标6个，经营增长状况指标5个，补充资料5个）；有些西方国家的评价指标超过50个，甚至有的还超过90个指标，最多的有117个指标（Edvinsson et al.，1997）。而本研究设计的评价指标只有43个，且在构成上偏重财务指标，非财务指标显著不足，由此势必使得应用效果大受影响。

二是该套指标体系偏重于企业领导人经济责任审计评价需要，在对政府部门、行政单位和事业单位领导人进行经济责任审计时，有一些指标显得不适用，需要进一步修正、补充和完善。

三是难以激发被审计单位创造新指标的积极性。21世纪是知识经济时代，为了求新求异，很多被审计单位都热衷于创造新的指标，且以非财务指标为主。而这些非财务指标却在我们设计的指标体系中不存在，这难免会滞后被审计单位的发展与创新，使其创造新指标的积极性大打折扣。

四是非财务指标对整个交通系统而言，适用性有限，且永远不会静止不变。随着使用时限延长，这些指标会失去敏感性，被审计单位会形成“免疫力”，无法区分好坏，“因用而废”，只能不断修正这些指标。

五是上述指标体系以未来现金流量或现值概念来计量被审计单位的绩效，而现金流量是难以测量的。事实上，我们真正能够计量的是已实现绩效，而当前现金流量甚至未来现金流量都不好预测，因为这一方面存在着离任者和继任者之间经济责任的合理划分问题，另一方面它本身存在许多不确定性因素。

基于上述认识，提出如下对策：

第一，采用逐次推进、分步走策略。对甘肃省交通系统的被审计单位先分解为国有企业和行政事业单位两部分，对国有企业率先推行平衡计分卡的经济责任评价指标体系。这是因为，国有企业领导人与国资委签订的合同中确认的指标绝大多数与《企业绩效评价标准值》一致，且具有相应的行业标准值，可作为评价的基础。基于平衡计分卡建立的经济责任审计评价指标体系在确定指标时，我们更多地考虑了这些指标，因此具有可操作性。而对于行政事业单位的经济责任审计，需待条件成熟时，再进一步修正和完善这些指标体系，将其作为评价的依据。

第二，实际审计工作中，还需要考虑地区、行业和组织的实际情况，分别确定具体指标。本部分研究的成果只是一个框架，必要时，个性指标完全有必要重置。比如可考虑不同地区、不同性质、不同所有制形式的被审计单位，分别设计个性指标。

第三，应用平衡计分卡进行经济责任审计，难以实施不等于不能实施。保罗（2003）认为，平衡计分卡并非尖端技术，任何人通过必要的培训和学习都完全可以掌握。因此，我们将平衡计分卡原理引入经济责任审计评价指标的构建中，既是一种大胆尝试，也是一种必然选择，应当大力实践，不断完善和创新。

第四，经济责任审计评价指标应当由审计部门与被审计单位共同在审计前予以确立，不能完全由审计部门自作主张，更不能在审计后再行确定，否则，审计部门与被审计单位之间可能存在一些轻重不一的问题。

第五，基于平衡计分卡的经济责任审计评价指标的多样性和复杂性，可适当引入计算机辅助审计工具，比如利用 Excel 软件计算指标数据，形成平衡计分卡综合分值，可大大降低测算成本，提高审计工作效率。

| 第 8 章 |

审计机关绩效评价研究*

运用平衡计分卡和关键绩效指标法构建国家审计机关绩效评价指标体系，并采用层次分析法构建指标重要性矩阵，结合 Yaahp Version 0. 5. 3 软件对重要性矩阵进行计算，得出了各指标的权重并通过了一致性检验。最后，以审计署 2010 ~2013 年绩效报告数据为例进行实证分析，结果表明，我国国家审计机关综合绩效稳中向好，呈现逐年提高之势。财务层面，人均审计成果和投入产出比的增长幅度尤为显著；客户层面，审计意见采纳率和违规问题整改率的变动最为显著；业务流程层面，除平均审计单位耗时率变动显著外，其他各项指标的变动幅度不够明显；学习与成长层面，各个指标呈现持续增长态势。说明国家审计在监督公共资金使用、公共权力运行和公共部门履职尽责情况，以及推动完善国家治理和实现经济社会可持续发展中作出了积极的贡献。

8.1 引　言

近年来，党中央、国务院对政府绩效管理提出一系列要求。党的十八大报告提出创新行政管理方式，提高政府公信力和执行力，推进政府绩效管

* 本章内容系王学龙、王复美发表于《审计研究》2015 年第一期文章《国家审计绩效评价指标体系研究：以审计署绩效报告为例》，本书略有删改。

理。党的十八届三中全会审议通过的《中共中央关于全面深化改革若干重大问题的决定》中强调严格绩效管理，突出责任落实，确保权责一致。国家审计作为国家治理大系统中内生的具有预防、揭示和抵御功能的“免疫系统”（刘家义，2012），应当在积极开展政府绩效审计工作的同时，客观公正地评价自身的工作绩效，以强化审计成本控制，防范审计风险，促进审计机关努力提高工作效益，持续改进内部管理，完善现行工作考评制度。所谓国家审计机关绩效评价，就是运用科学、规范的绩效评价方法，对照既定的评价标准，按照绩效的内在原则，对国家审计行为的过程及其结果的经济性、效率性和效果性进行科学、客观、公正的衡量和综合评价。

在西方，国家审计绩效评价已蔚然成风，美国、英国、澳大利亚、加拿大、日本等国先后实行政府审计绩效评价制度。美国 GAO 自 2001 年起公布年度绩效报告，详细介绍自身的绩效情况，并从定量和定性两个角度披露其绩效的所有重要方面。我国自 2010 年起，审计署连续四年发布了绩效报告，公布每年工作任务及完成情况、预算执行情况，并进行相应的投入产出分析，但由于缺少一整套完善的绩效评价指标体系，其审计工作综合绩效尚未引起广泛关注。

8.2 文献回顾及评述

关于国家审计机关绩效评价指标体系问题，近些年来国内学者进行了各种尝试性研究，已有的研究成果大致可以分为三种情况。

一是通过介绍西方国家审计绩效评价方法来阐明绩效指标在评价国家审计机关绩效方面的重要性。朱小平、叶友和傅黎瑛（2004）通过介绍美国 GAO 的绩效衡量指标，探讨了现阶段我国国家审计机关的审计绩效评价指标体系，并从成本效益分析的角度阐述了评价的核心指标与具体指标；胡乃波（2007）从分析美国 GAO 绩效评价框架出发，介绍了美国 GAO 绩效评价方法的演变过程，认为美国政府审计绩效评价的关键在于其绩效指标处于不断拓展和优化之中；我国审计署审计科研所（2008）通过研究认为，一套关键性国家指标对国家审计机关履行其工作职责作用重大，因此，必须充分认识到开发和使用关键性指标的重要性。

二是基于平衡计分卡理论视角建立指标体系。欧阳程和陈莉（2010）认为国家审计机关管理的核心内容之一是审计机关绩效评价，并基于分析平衡计分卡的优点建立了国家审计机关绩效评估的指标体系；付青同（2008）借鉴该理论建立了包括财务层面、客户导向层面、审计业务流程层面、学习与成长层面的绩效评价体系。

三是运用实证分析方法对我国国家审计机关的审计绩效进行分析评价。喻采平（2010）采用定量的实证研究方法，利用多元回归分析方法对我国 31 个省级国家审计机关 2002～2006 年审计效率的影响因素进行了实证检验，结果表明：审计任务强度、审计执行力度及审计处罚力度与国家审计效率呈正相关关系；审计信息披露力度对国家审计效率的影响不显著。刘爱东和张鼎祖（2014）通过建立投入产出组合模型，运用数据包络分析方法对我国 30 个地方审计机关的效率（综合效率、揭示效率、抵御效率和预防效率）进行测定和分析，结果表明：我国地方审计机关预防效率逐年提高；东中部地区审计机关预防效率增长高于西部；规模效率是影响我国地方审计机关综合效率、揭示效率和预防效率的主要因素。

纵观已有的研究，学者们建立了国家审计机关绩效评价体系的宏观框架，为进一步研究提供了理论基础，而且，对地方审计机关绩效评价的实证研究已经具备了相应的文献储备和成果支持，但针对国家审计机关绩效评价的实证研究仍然存在一定的缺憾。主要表现在：指标构建缺乏理论依据，无法动态反映和评价国家审计综合绩效；所构建的国家审计机关绩效指标体系无法与审计署绩效报告数据实现“对接”，可操作性不强。基于此，本章尝试运用平衡计分卡原理和关键绩效指标理论选取绩效指标，构建动态平衡的绩效评价指标体系，并运用层次分析法进行指标权重赋值，以期对我国审计机关的工作绩效进行综合评价。

8.3 国家审计机关绩效评价指标体系的构建

8.3.1 指标的选取依据

本部分采用关键绩效指标法和平衡计分卡来选取指标并构建国家审计机关绩效评价指标体系。应当说，关键绩效指标法与平衡计分卡各有优缺点：关键绩效指标法虽然设计指标体系时相对简便，但是却容易关注短期产出而忽视组织的无形资产与长远发展；平衡计分卡虽然能将组织的短期目标与长期目标相结合，但是其设立过程较为复杂。因此，将二者结合建立基于平衡计分卡的关键绩效指标体系，不失为一种好的做法（方振邦等，2005）。

将平衡计分卡原理和关键绩效指标法理论相结合构建国家审计机关绩效评价指标体系，无论在理论上还是技术上都具有可行性。这是因为：国家审计机关的绩效评价不同于企业的绩效评价，它是国家机关的组织形式，不以营利为目的，且资金的来源为财政拨款，而不是自己创收；工作和服务的对象为政府的职能部门，所以创造的价值具有抽象性，一般很难对其价值进行计量，特别是提出的政策性建议、整改措施需要长期观察和运用才能体现出来。这些特点决定了绩效评价的难度较大，平衡计分卡和关键绩效指标工具的结合为国家审计机关绩效评价提供了理论和技术上的支持。理论方面，平衡计分卡侧重于组织的整体战略，更适合制定组织绩效框架，且平衡计分卡的理念是建立平衡，将组织的愿景、使命和发展战略与其业绩评价系统联系起来，把组织的使命和战略转换为具体的目标和测评指标，以实现战略和绩效的有机结合；关键绩效指标则较为侧重具体的指标，适合设计具体层面的指标，结合“二八”原理有重点地分析，帮助选取指标。最终建立定性和定量相结合的指标体系，体现国家审计机关绩效的经济性、效率性和效果性。技术方面，国家审计机关对于自身的工作成果开始逐步地向社会公众公布，审计署自 2010 年起开始每年公布审计绩效报告，这也为平衡计分卡和关键绩效指标结合建立的指标体系提供了相应的验证数据。

8.3.2 指标体系的构建

结合平衡计分卡和关键绩效指标的技术原理，对国家审计机关绩效评价选取指标，建立评价指标体系。该指标体系应当由战略目标（A）、平衡计分卡四个维度（B）、具体指标（C）三个层次构成。首先，确定国家审计的战略目标。国家审计肩负着维护国家财政经济秩序、提高财政资金使用效率、促进廉政建设、保障国民经济和社会健康发展的使命，同时其支出也来自国家财政，因此更要妥善使用资金，完成国家赋予的使命。其次，将战略目标转化为平衡计分卡四个维度的具体目标。最后，根据国家审计机关的业务规范和审计绩效报告的相关内容，建立具体指标。本书选取了24个指标，具体见表8－1。

表8－1 国家审计机关绩效评价指标体系设计及权重

战略层面		具体层面		具体指标	权重	指标属性
政府审计绩效评价指标（A）	1	财务层面（B_1）	0.4668	预算支出率（C_{11}）	0.0176	－
				年度基本支出率（C_{12}）	0.035	－
				年度项目支出率（C_{13}）	0.035	－
				投入产出比（C_{14}）	0.184	－
				人均审计成果（C_{15}）	0.112	+
				人均审计成本（C_{16}）	0.0832	－
		客户层面（B_2）	0.2776	审计意见采纳率（C_{21}）	0.0189	+
				措施整改率（C_{22}）	0.0518	+
				规章制度健全率（C_{23}）	0.0518	+
				案件移送率（C_{24}）	0.0124	+
				审计报告公开率（C_{25}）	0.0308	+
				报告采纳率（C_{26}）	0.0518	+
				违规问题整改率（C_{27}）	0.0518	+
				领导干部经济责任审查人数（C_{28}）	0.0083	+

续表

战略层面		具体层面		具体指标	权重	指标属性
政府审计绩效评价指标（A）	1	业务流程层面（B_3）	0.1603	平均审计单位耗时率（C_{31}）	0.0857	-
				审计计划完成率（C_{32}）	0.0328	+
				审计报告出具率（C_{33}）	0.0207	+
				信息化建设支出（C_{34}）	0.0125	+
				审计质量管理支出（C_{35}）	0.0087	+
		学习与成长层面（B_4）	0.0953	人均人员培训次数（C_{41}）	0.0354	+
				人均培训支出（C_{42}）	0.0354	+
				人均涉外交流支出（C_{43}）	0.0042	+
				人均审计科研支出（C_{44}）	0.0084	+
				人员绩效考核合格率（C_{45}）	0.0119	+

对于财务层面，国家审计机关作为公共服务部门的一个组成部分，不以营利为目标，国家审计机关的预算来源于财政部门的拨款，受财政部门的监督，但预算资金的使用由审计机关执行，提高预算资金的使用效率和提高审计人员的工作效率，是财务层面主要关注的部分，以促使预算资金使用“效果”最大化。所以财务层面在整个框架中至关重要，以较低的成本创造出较高的工作效率与社会价值，强调“效果性”。

对于客户层面，国家审计为各个政府职能部门服务，向国务院和社会公众报告自己的工作成果。其目的在于检查被审计单位财政资金运用的合法性、合规性以及人员是否按照预算执行工作，经费的使用是否获得预期的效果，各项指标是否达到预期的目标，针对被审计单位的问题是否提出了有效的审计建议，是否有利于政策的实施和改进等。该层面的核心目标是提升审计报告的品质与效率，提高社会对政府的公信度，增进国家审计在国家治理中发挥“免疫系统”功能，强化与各单位的互动，进一步提升社会公众对政府审计的满意度。

对于业务流程层面，审计工作要遵守一定的审计准则和相关的工作流程，简化审计流程、抓住工作的重心是业务流程层面的主要工作。指标的设计主要关注审计工作程序是否有助于审计人员完成审计工作，加强各审计机关、部门之间的协调与联系。该层面的核心目标是改善各项审计业务流程，确保内部流程程序的合理性和有效性，用于提高审计工作的质量，给客户提供最佳的服务。

对于学习与成长层面，国家审计对人员的专业素质和执业技能要求普遍较高，要求审计人员拥有多元化的知识、专业的技能和与外界沟通的协调能力。该层面的核心目标是创造良好的学习环境并与激励措施相结合，提供良好的教育培训，以充实员工的专业技能，激发主动学习的心态，因此指标也是针对提高人员的工作素质、激发员工的创新意识和工作潜力来设定的。

8.4　指标权重的确定与综合绩效的测度

8.4.1　指标权重的确定

权重是指某个指标在整体评价中的相对重要程度，指标权重的合理与否对评价结果的科学性和准确性产生重要影响。本部分采用层次分析法确定评价指标权重，通过建立递阶层次模型，确定上层和下层的隶属关系，再构建两两比较判断矩阵，对同一层次的指标进行两两比较，以1~9的标度法（见表8-2）表示，再进行归一化，求解每个矩阵最大特征根的特征向量，再以方根法计算各指标的相对权重，最后进行一致性检验。在进行一致性检验时，通常利用随机一致性比率CR作为判断矩阵是否具有满意的一致性的检验标准。求出判断矩阵的最大特征值，把其对应的特征向量标准化后，就可以作为该层次指标体系的权重。具体的计算步骤如下：

Step 1　计算判断矩阵每一行元素的乘积，即 $m_i = \prod_{j=1}^{n} a_{ij}, i=1,2,\cdots,n$

Step 2　计算 m_i 的 n 次方根，即 $\bar{w}_i = \sqrt[n]{m_i}$，$i=1, 2, \cdots, n$

Step 3　将向量 $\bar{w} = (\bar{w}_1, \bar{w}_2, \cdots, \bar{w}_n)$ 进行归一化处理，即 $w_i = w_i / \sum_{k=1}^{n} \bar{w}_k, i=1,2,\cdots,n$

Step 4 计算最大特征根，即 $\lambda_{max}=\frac{1}{n}\sum_{i=1}^{n}\frac{(Aw)_i}{w_i}$ 其中，$(Aw)_i$ 表示向量 Aw 的第 i 个分量。

表 8－1 是构建的国家审计机关的指标体系，并通过层次分析软件计算的各个指标的权重。

表 8－2 比较标度及其含义

极度值	含义
1	两指标相比，具有同等重要程度
3	两指标相比，一个指标比另一个指标稍微重要
5	两指标相比，一个指标比另一个指标明显重要
7	两指标相比，一个指标比另一个指标非常重要
9	两指标相比，一个指标比另一个指标极端重要
2、4、6、8	取上述两相邻判断的中值
上述数值的倒数	因素 i 与 j 比较得判断 b_{ij}，则因素 j 与 i 比较得判断 b_{ji}

8.4.2 综合绩效得分的计算

在进行国家审计机关绩效的综合评价时，指标体系中的每一个指标都是从某个角度对绩效进行评价，不同的指标带有不同计量单位，为了使得评价结果具有可比性，就必须对原始数据进行无量纲化处理。本书采用功能系数法消除不同量纲的影响并计算指标分值。计算公式为：

$$\text{正向指标：}\begin{matrix}\text{一项指标的}\\\text{单项得分}\end{matrix}=60+\left(\begin{matrix}\text{该指标}\\\text{实际值}\end{matrix}-\begin{matrix}\text{该指标}\\\text{最小值}\end{matrix}\right)\div\left(\begin{matrix}\text{该指标}\\\text{最大值}\end{matrix}-\begin{matrix}\text{该指标}\\\text{最小值}\end{matrix}\right)\times 40$$

$$\text{负向指标：}\begin{matrix}\text{一项指标的}\\\text{单项得分}\end{matrix}=60+\left(\begin{matrix}\text{该指标}\\\text{最大值}\end{matrix}-\begin{matrix}\text{该指标}\\\text{实际值}\end{matrix}\right)\div\left(\begin{matrix}\text{该指标}\\\text{最大值}\end{matrix}-\begin{matrix}\text{该指标}\\\text{最小值}\end{matrix}\right)\times 40$$

经过处理的标准化指标分值居于 60～100。

计算绩效评价的综合得分时，将各指标单项的分乘以各项指标的权重，加总即可得出国家审计机关绩效评价的综合得分。

8.5　实证分析

8.5.1　数据来源

本书的数据来源于审计署发布的 2010 ~ 2013 年度国家审计绩效报告，以及审计署网站上公开发布的一些数据。选取了年度财政预算拨款、年度实际支出、投入产出比以及可用货币计量的审计成果等数据，

8.5.2　计算结果

在国家审计机关绩效评价指标体系的框架下，根据审计署 2010 ~ 2013 年度绩效报告的数据，对审计署绩效进行实证分析和评价。根据表 8 – 1 中指标的权重，利用以上数据计算得到国家审计机关 2010 ~ 2013 年度绩效评价指标值（见表 8 – 3）。

表 8 – 3　　　2010 ~ 2013 年度政府审计绩效评价指标得分

层面	指标	2010 年	2011 年	2012 年	2013 年	备注
财务层面	预算支出率	0.98	0.96	0.98	0.90	
	年度基本支出率	0.52	0.51	0.44	0.46	
	年度项目支出率	0.48	0.49	0.52	0.54	
	投入产出比	1 : 82	1 : 96	1 : 116	1 : 252	
	人均审计成果	2226.54	3363.10	4028.91	8664.99	万元
	人均审计成本	26.05	29.51	34.76	34.34	万元
客户层面	审计意见采纳率	0.60	0.71	0.70	1	
	措施整改率	0.20	0.63	1	0.88	
	规章制度健全率	0.10	1.05	0.71	0.91	
	案件移送率	0.15	0.39	0.22	0.13	
	审计报告公开率	0.01	0.02	0.01	0.01	

续表

层面	指标	2010 年	2011 年	2012 年	2013 年	备注
客户层面	报告采纳率	0.68	0.83	0.86	1	
	违规问题整改率	0.92	0.93	1	1	
	领导干部经济责任审查人数	49	46	31	29	名
业务流程层面	平均审计单位耗时率	676.13	639.5	608.71	652.05	天・人
	审计计划完成率	1	1	1	1	
	审计报告出具率	0.81	0.79	0.85	0.99	
	信息化建设支出率	0.15	0.06	0.04	0.02	
	审计质量管理支出率	0	0.0094	0.0068	0.0053	
学习与成长层面	人均人员培训次数	2.95	4.38	6.41	0.98	人/次
	人均培训支出	0.06	0.07	0.06	1.00	万元
	人均涉外交流支出	0.03	0.02	0.02	0.95	万元
	人均审计科研支出	0.03	0.04	0.03	0.49	万元
	人员绩效考核合格率	1	1	1	1	

注：(1) 预算支出率 = 本年审计署实际支出数 ÷ 本年财政预算拨款数；(2) 人均审计成果 = 本年审计署可用货币计量的审计成果 ÷ 本年审计署在职人数。

对原始数据进行标准化处理，然后采用相应的权重对审计署绩效进行测算，得出 2010 ~ 2013 年审计署绩效评价的综合得分（A）及财务层面（B_1）、客户层面（B_2）、业务流程层面（B_3）、学习与成长层面的综合得分（B_4），具体如表 8 -4 所示。

表 8 -4　　2010 ~ 2013 年审计署绩效评价值

指标	权重	标准化指标值				比重值			
		2010 年	2011 年	2012 年	2013 年	2010 年	2011 年	2012 年	2013 年
C_{11}	0.0176	60	90	60	100	1.056	1.584	1.056	1.76
C_{12}	0.035	60	65	100	90	2.1	2.275	3.5	3
C_{13}	0.035	60	66.67	86.67	100	2.1	2.333	3.033	3.5
C_{14}	0.184	60	68.73	77.56	100	11.04	12.65	14.27	18.4
C_{15}	0.112	60	67	71.2	100	6.72	7.504	7.97	11.2
C_{16}	0.0832	100	84.11	60	61.93	8.32	6.998	4.992	5.15

续表

指标	权重	标准化指标值				比重值			
		2010 年	2011 年	2012 年	2013 年	2010 年	2011 年	2012 年	2013 年
C_{21}	0.0189	60	71	70	100	1.134	1.342	1.323	1.89
C_{22}	0.0518	60	82	100	93	3.108	4.248	5.18	4.817
C_{23}	0.0518	60	100	85.68	94.12	3.108	5.18	4.438	4.875
C_{24}	0.0124	63.08	100	73.85	60	0.782	1.24	0.915	0.744
C_{25}	0.0308	60	100	60	60	1.848	3.08	1.848	1.848
C_{26}	0.0518	60	78.75	82.5	100	3.108	4.08	4.27	5.18
C_{27}	0.0518	60	65	100	100	3.108	3.367	5.18	5.18
C_{28}	0.0083	100	94	64	60	0.83	0.78	0.53	0.498
C_{31}	0.0857	60	81.74	100	74.29	5.14	7.005	8.57	6.367
C_{32}	0.0328	100	100	100	100	3.28	3.28	3.28	3.28
C_{33}	0.0207	64	60	72	100	1.32	1.242	1.49	2.07
C_{34}	0.0125	100	72.31	66.15	60	1.25	0.903	0.83	0.75
C_{35}	0.0087	60	100	88.94	82.55	0.522	0.87	0.77	0.718
C_{41}	0.0354	74.51	85.05	100	60	2.638	3.01	3.54	2.124
C_{42}	0.0354	60	60.43	60	100	2.124	2.139	2.124	3.54
C_{43}	0.0042	60.43	60	60	100	0.254	0.252	0.252	0.42
C_{44}	0.0084	60	60.87	60	100	0.504	0.511	0.504	0.84
C_{45}	0.0119	100	100	100	100	1.19	1.19	1.19	1.19
B_1	0.4668	67.13	73.67	74.61	92.46	31.34	33.34	34.83	43.16
B_2	0.2776	61.33	83.99	85.32	90.17	17.03	23.32	23.69	25.03
B_3	0.1603	71.86	82.97	93.21	82.25	11.52	13.30	14.94	13.18
B_4	0.0953	70.40	74.54	79.85	85.14	6.71	7.10	7.61	8.11
A	1.00	66.59	77.06	81.07	89.49	66.59	77.06	81.07	89.49

注：表 8－4 数据是根据综合绩效得分的计算方法，对表 8－3 中的数据进行 60～100 的标准化，再对每个指标的标准化值与指标权重相乘后加总得出本年的绩效评价综合得分。

根据综合得分的判断标准，当综合得分达到 90 到 100 时，绩效评价为优；当综合得分达到 80 到 90 时，绩效评价为良；当综合得分达到 70 到 80 时，绩效评价为中；当综合得分达到 60 到 70 时，绩效评价为合格。从总体上看，审计署绩效水平平稳上升，逐年提高，国家审计绩效评价综合得分从2010年的66.59增加到了2013年的89.49，2013年有了较大的发展。从计算结果来看，2010年、2011年、2012年这三年审计署的工作绩效处在一个中等水平，到了2013年审计署绩效的综合得分达到了89.49，达到良好水平。

8.5.3 具体指标及其增长趋势分析

为深入分析国家审计机关综合绩效，本书利用前面构建的平衡计分卡四个维度的具体指标，分别就其增长趋势作进一步分析。

从财务层面的工作绩效看，预算支出率、年度项目支出率、人均审计成果和年度基本支出等指标基本保持相对稳定的增长中，而人均审计成本逐年下行，主要归因于当年人均审计成果和投入产出比的增长幅度大。投入产出比由2010年的1∶82增长到了2013年的1∶252；人均审计成果由2010年的2226.54万元增加到了8664.99万元。说明面对新形势、新任务和新要求，国家审计在监督公共资金使用、公共权力运行和公共部门履职尽责情况，以及促进理好财、用好权、尽好责等方面，为推动完善国家治理和实现经济社会可持续发展作出了积极的应有贡献。

从客户层面的工作绩效看，审计意见采纳率、违规问题整改率、审计报告采纳率等指标水平显著上升，保持在一个缓慢增长过程中，说明审计机关在工作过程中提出了更多的审计建议，被审计单位的认可度也逐步提高。案件移送率、领导干部经济责任审查人数等指标稳中有降，表明国家审计的“免疫系统”功能正在发挥有效作用。

从业务流程层面的工作绩效看，审计报告出具率、审计计划完成率、审计质量管理支出、信息化建设支出等指标稳健企升，呈现良好发展之势。平均审计单位耗时率在2010~2012年连续走高，2013年开始下降，表明审计机关工作效率得到显著提高。该层面2012年的得分较高，其他年份的变化相对稳定，归因于平均审计单位耗时率的降低。但该指标可能因为被审计的单位不同，复杂程度不一样，指标的数据有一定的波动性。总体来说，业务流程层面的工作绩效也在不断提高。

学习与成长层面，人员绩效考核合格率、人均涉外交流支出、人均培训支出和人均科研支出逐年提高，从 2010 年到 2013 年的数据来看，呈现持续增长态势，表明国家审计在改进审计机关作风、加强廉政风险防控、推进审计队伍专业化建设、加强审计干部职业培训、夯实审计信息化基础建设等方面取得了明显的成绩，效果显著。

8.6　结论与启示

本书运用平衡计分卡和关键绩效指标法构建国家审计机关绩效评价指标体系，并采用层次分析法构建指标重要性矩阵，结合 Yaahp Version 0.5.3 软件对重要性矩阵进行计算，得出了各指标的权重并通过了一致性检验。最后，以审计署 2010 ~ 2013 年绩效报告数据为例进行实证分析，结果表明，我国国家审计机关综合绩效稳中向好，呈现逐年提高之势。财务层面，人均审计成果和投入产出比的增长幅度尤为显著；客户层面，审计意见采纳率和违规问题整改率的变动最为显著；业务流程层面，除平均审计单位耗时率变动显著外，其他各个指标的变动幅度不是很大，影响不够明显；学习与成长层面，各个指标呈现持续增长态势。这说明国家审计在监督公共资金使用、公共权力运行和公共部门履职尽责情况，以及改进审计机关作风、加强廉政风险防控、推进审计队伍专业化建设、加强审计干部职业培训、夯实审计信息化基础建设等方面取得了明显的成绩，效果显著。

本书构建的国家审计机关绩效评价指标体系只是针对审计机关的日常工作建立的，在理论上建立了一套评价体系，为国家审计机关绩效评价提供了一套研究思路。由于在指标的选取方面存在欠缺，并且缺少更多实践数据进行检验，因此还需要在实践的基础上不断完善该评价指标体系，才能为有效评价国家审计机关绩效发挥更好的作用。

为此，在进一步研究中还需关注以下问题：第一，在实施绩效评价时，对于具体情况不同的国家审计部门，如针对不同地方的审计署特派办、不同行业的派出审计局，在绩效评价的具体指标选择和比重方面有所不同。在对具体部门审计机关进行绩效评价时，需要结合部门的特点在各维度权重上作出相应调整。对权重的调整需要对判断矩阵进行修改，这依赖专家的经验，权重的准确性直接影响到绩效评价的准确性。因此国家审计机关在进行具体审计部门绩效评价时，要选择熟悉本审计机关内部运作过程和外部行业环境的权威专家，使结果更为全面和准确。第二，国家审计机关绩效的提高是一个过程，针对业务流程层面和学习与成长层面，投入和产出有一个时间差，绩效的提高有一定的延续性，后期的投入可能面对管理水平和人员能力的提升有所下降的情况，所以国家审计机关应该关注绩效的长远发展、持续的发展能力。

第9章

企业环境绩效审计评价研究*

2008年，《审计署2008至2012年审计工作发展规划》中首次提出绩效审计，并指出全面推进绩效审计，促进转变经济发展方式，提高财政资金和公共资源配置、使用、利用的经济性、效率性和效果性，促进建设资源节约型和环境友好型社会，推动建立健全政府绩效管理制度，促进提高政府绩效管理水平和建立健全政府部门责任追究制。

9.1 问题的提出

环境和资源是人类社会赖以生存和发展的基础，人类在不断发展经济的同时，却忽略了对环境的保护。自20世纪80年代以来，环境问题日益凸显。因此，必须采取有力措施来治理环境污染及损害。而对企业进行环境绩效审计，促使其采取清洁生产模式，减少对人类和环境的风险，也是治理环境污染的一项有力措施。有鉴于此，对环境绩效审计进行理论探索和研究，是我国社会和经济发展的必然要求，具有十分重要的现实意义。环境价值链理论的诞生为环境绩效审计评价标准的构建提供了理论依据，本章通过对环境价值链理论的分析，构建企业环境绩效审计评价标准，以促进我国绩效审

* 本章内容由王学龙、杨鹏飞和付惠冉共同完成。

计事业的发展。

9.2 文献回顾

我国环境审计工作开展得比较晚，而且大多为环境合规性审计项目。目前我国的环境绩效审计还处于探索阶段，主要是对环境绩效审计的定义、环境绩效审计的内容、方法等的研究。

关于环境绩效审计的定义，目前尚无统一的看法。陈正兴（2001）、陈希晖和邢祥娟（2005）认为，环境绩效审计是通过检查被审计单位和项目的环境经济活动，依照一定的标准，评价资源开发利用、环境保护、生态循环和发展潜力的合理性、有效性，并对其效果、效率表示意见的行为。吴立群和王恩山（2005）认为环境绩效审计是由独立的审计机构或审计人员，对被审单位或项目的环境管理活动进行综合系统的审查、分析并对照一定标准评定环境管理的现状和潜力、提出促进其改善环境管理、提高环境管理绩效的建议的一种审计活动。

关于环境绩效审计的内容，陈正兴（2001）认为，环境绩效审计包括对环境决策行为审计、经营目标和计划审计、被审单位管理效能审计、内部控制系统审计、资源要素利用效益及资金利用效益审计六部分。李学柔和秦荣生（2002）认为环境绩效审计包括政府环境政策绩效审计、政府环境项目效益审计、企业环境绩效审计三部分。

关于环境绩效审计方法，汤亚丽和邓丽（2006）在《基于环境价值链的环境绩效审计方法》中认为环境绩效审计应采用环境价值链分析法。浙江省审计厅环境审计课题组（1997）提出环境审计要用环境成本效益分析方法和环境费用效果分析方法。辛金国和杜巨铃（2000）就成本效益分析法在环境审计中的运用进行了专题研究，研究了环境成本、环境效益的确认和计量手段，还研究设计了环境成本效益的评价指标以及进行环境成本效益分析的步骤。

关于环境绩效审计的评价指标，杨婷（2005）认为，应将企业内部环境绩效评价指标分为定性指标和定量指标两部分，定性指标包括企业管理层的环境意识、是否制定企业环境政策、企业环境制度的制定执行情况等 8 项指标；定量指标包括总体指标、经济性指标、效率性指标和效果性指标。高前善（2006）认为生态效率是企业环境绩效审计评价的一个重要指标。林逢春和陈静（2006）在《企业环境绩效评估指标体系及模糊综合指数评价模型》一文中，建立了由环境守法指标、环境管理指标、先进性指标和生命周期环境影响指标等主要指标构成的企业环境绩效指标体系，并给出了一种新的评估模型——模糊综合指数评价模型，2007 年又运用数据包络（DEA）分析方法建立了企业环境绩效动态评估模型。

上述研究成果都是对环境绩效审计基础理论的研究，如对环境绩效审计的定义、内容、方法以及评价指标的研究，没有区分合规性审计和绩效审计的具体类别，整体研究的深度不够，特别是对环境绩效审计的标准研究不够具体，尤其是针对性不足，已有的研究大多是就绩效审计理论的总体框架进行研究，绩效标准的建立还缺少相应的理论探讨和实践经验的总结。因此，为了完善环境绩效审计理论研究，必须尽快建立环境绩效审计的标准。本书通过对基于环境价值链的环境绩效审计标准的探索研究，希望对实践有所帮助。

9.3　环境价值链理论及其分析方法

9.3.1　环境价值链理论

“价值链”的概念最早是由美国哈佛大学商学院教授迈克尔·波特在《竞争优势》一书中提出的。他将价值链定义为“从原材料的选取到最终产品送至消费者手中的一系列价值创造的活动过程”。在供应链及逆向供应链的转换过程中，企业为了获利，需要进行一系列的价值增值活动，这就构成企业自身的价值链。企业一方面要消耗人类有限的资源；另一方面又要产生大量的废弃物，造成严重的环境问题。随着各国环保法规的出台及消费者环保意识的增强，企业为了赢得竞争力，必须重新构建自己的“环境价值链”。

企业创造的价值不但包括经济效益，还包括生态环境效益，这些价值的实现是通过产品设计、制造、包装、运输、使用到报废处理等产品生命周期过程中一系列创造价值的经营活动得以实现的，这一过程的经营活动组成企业的环境价值链。企业的环境价值链包括两个部分：基本活动和辅助活动。企业的基本活动是企业进行污染控制的主要环节，包括产品设计、产品生产、产品营销和产品回收四个环节。企业的辅助活动主要是对企业的污染控制提供政策支持和组织保证，包括企业的环境政策、方针和环境管理系统等方面的内容。

9.3.2 环境价值链分析方法

层次分析法是一种模拟人的决策思维过程，对较为模糊或较为复杂的问题使用定性与定量分析相结合的手段作出科学决策的分析方法，是分析多目标、多因素、多准则复杂大系统的有力工具。

（1）层次分析法的路径。层次分析法把要解决的问题分出系列层次，即根据问题的性质和目标将问题分解为不同的组成因素，按照因素之间的相互影响和隶属关系将各层次各因素聚类组合，形成一个递阶的有序层次结构模型；再对模型中每一层次每一因素的相对重要性赋予其表示主观判断的数量值，然后对同一层次的诸因素两两比较确定出相对于上一层目标的各自权重系数。这一层次分析，最终得到所有因素相对于总目标的重要性排序。

（2）层次分析法的流程。层次分析法是根据分析对象的性质和研究目的，把复杂现象中的各影响因素划分为相互联系的有序层次，并根据对具体问题的主观判断，就每一层次各因素的相对重要性给予定量表示，最后利用定量分析的方法，确定各因素相对重要性次序的数值。其具体流程如下：

①在确定评价体系的基础上，对每个评价指标进行标准处理，并完成标准分的转化。②确定各评价指标相对于上一层次指标的权重。③计算权向量并做一致性检验。④建立综合测算模型，计算总体和各层次的评价结果。

（3）注意事项。层次分析法在确定各指标的权重时，比较复杂，计算量大。因此本书引入“变异系数”这一概念，变异系数法是客观赋权的一种方法。主要是在层次分析法中确定各评价指标相对于上一层指标的权重时，用变异系数法来确定权重，这种方法简单易懂，可操作性强。

9.4　环境价值链在企业环境绩效审计中运用的必要性和可行性

9.4.1　必要性

（1）环境价值链可完整反映企业的经济活动过程。企业从产品的设计开始，经过生产、销售，再到回收处理，是一系列互相关联的过程，此过程中的每一个环节，组成了企业的完整经济活动。环境价值链恰好反映了这些内容。因此通过对环境价值链的分析，即可了解整个企业的经济活动过程。

（2）环境价值链的各个环节均与环境密切相关。环境价值链包括产品的设计、生产、营销和回收等环节，不管是在环境价值链的哪一个环节，企业均须考虑环境因素。从环境价值链来看，它将企业的保护环境意识及行为，均包揽其中，因此，环境价值链可以全面反映企业在环境方面的行为，为环境绩效审计评价提供了一个合理而全面的载体。

（3）环境价值链是企业创造价值的系统过程。企业价值的创造是通过产品设计、制造、包装、运输、使用到报废处理等产品生命周期过程的一系列经营活动实现的，这一过程的经营活动组成企业的环境价值链。可见，环境价值链是一个有机整体，通过对环境价值链的分析，有利于设计环境绩效评价指标，将每一部分指标组合起来，将会形成一个有机的环境绩效评价体系。

9.4.2　可行性

（1）环境价值链分析改变了传统价值链的成本观念，将环境作为一种成本纳入价值分析系统是一种全新的可持续经济增长模式，使传统的价值链分析体系视野更广阔、内容更完备，并真正实现价值分析的经济性和生态性相统一，从而保证经济的可持续发展。

（2）把环境价值链分析法运用到环境绩效审计中有助于增进我国环境审计模式的改变，即由传统的合规性审计向绩效审计转变，充分发挥审计“免疫系统”功能。

（3）国外环境绩效审计方法不能直接用于指导我国实践，而我国目前专门针对环境绩效审计方法的理论研究又很少，因此，将环境价值链分析方法用于环境绩效审计中，一方面对环境审计学科乃至整个审计学科的发展完善有所帮助，另一方面还可以更好地满足环境绩效审计实践的需要，提高环境绩效审计工作的效率和质量，完善环境绩效审计理论，在一定程度上可填补我国环境审计理论研究的空白。

（4）将环境价值链分析方法引入环境绩效审计中，有助于控制和降低审计风险。企业环境风险是广泛存在的，考虑企业在基本活动和辅助活动中产生的一系列环境风险和经营风险，从企业的总体和长远发展战略着手分析，这一思想正好适应风险导向审计观的要求。

9.5 基于环境价值链的企业环境绩效审计评价原理

环境价值链作为审计评价的载体和线索，起着关键性的作用。通过对环境价值链的分析，明确环境价值链各个环节的特征和对企业价值的贡献过程，结合审计的原理，对企业的环境绩效进行评价。

9.5.1 产品设计分析

在进行产品设计时，基于环境方面考虑，应达到绿色设计的要求。绿色设计是指在产品的整个生命周期内，着重考虑产品环境属性（可拆卸性、可回收性、可维护性、可重复性等），并将其作为设计目标，在满足环境目标的同时，保证产品应有的功能、使用寿命、质量等。这一阶段对环境的影响可能是不直接的，却影响了后续活动阶段对环境产生的影响，是以后各个环节的基础。因此设计阶段环境绩效审计，着重审查在产品设计过程中是否将原材料的预计消耗及产品的能源消耗量控制到最低，以其最低标准来进行设计；是否将污染预防考虑到设计之中，包括所采用的材料是否是环境友好材料，能否循环使用，是否采取了环境友好技术，废弃物的排放和回收等是否能妥善处理，以使企业减少日后的污染治理费用。进行环境绩效审计评价时，应选用能够反映单位产品预计消耗能源及材料的指标。以此作为基础，将以后产品在生产及使用过程中的实际消耗量与其进行比较来评价企业的环境绩效。

9.5.2　产品生产分析

企业在生产产品的过程中，要尽量减少对环境的污染，采用清洁生产方式。清洁生产就是通过实施实用的清洁生产工艺以及以预防为主、与治理相结合的技术与管理措施，实现既能满足人们需要，又能达到资源和能源消耗最少，将废弃物排放减量化、资源化和无害化，或消灭于生产过程之中的一种生产方法和措施。它的宗旨是保护环境，降低污染，采用新工艺、新技术从生产源头预防污染，将物料内部循环利用，使废物减量化、资源化、无害化，直至消失在生产过程中。此阶段环境绩效审计主要包括清洁生产绩效审计和废弃物审计。清洁生产绩效指企业经审核并实施清洁生产方案，在节能、降耗、减污、增效方面所取得的实际效果，一般以达到清洁生产标准级别和达到排放标准的方式表示。废弃物审计包括企业产生哪些废弃物及是如何处置的；企业是否将废弃物最少化、消除或再循环；企业是否参与废弃物交互计划；企业是否有足够的应急措施来应对事故性的溢出和排放。进行环境绩效审计评价时，应选用能够反映企业在生产过程中对能源的利用情况及对废弃物的处置情况的指标。

9.5.3 产品营销分析

产品营销是一个系统工程，在营销过程中应注意收集绿色信息，开发绿色资源，并提供绿色服务，鼓励绿色消费。在营销过程中以绿色标准来衡量营销活动的有效性，即顾客满意度，产品对员工、顾客、社会和自然的安全度，营销活动的社会可接受度和营销活动对自然可持续性的影响度。绿色营销是绿色管理的一种综合表现，以维护生态平衡、重视环境保护这一“绿色理念”为指导，使企业的整个经营过程与社会的利益相一致。销售阶段环境绩效审计，主要考察企业是否以经济且有效率的方式向消费者提供了绿色服务；是否在营销决策中采用绿色理念；消费者的环保需求信息是否得到及时反馈。在进行环境绩效审计评价时，应选用社会公众、机构等对企业的绿色产品及绿色形象的认可程度的指标来评价企业是否进行绿色营销。

9.5.4 产品回收分析

产品回收分析即对回收废弃产品的技术可行性和经济合理性进行分析，在产品生命周期终结后，进行回收再利用，以减少资源浪费和环境污染。绿色回收逆向物流一般是为了废旧物品再利用或再循环，是制造商驱动型的。对于谋求自身发展与环境效益“双赢”的企业来说，绿色回收逆向物流就显得非常迫切和重要，因为如果没有考虑产品的废弃回收处理问题，将使环境价值链盈利很小，甚至亏损，企业最终难以实现可持续的长期利润。因此，在环境绩效审计中，应审查企业是否进行回收处理，是否有分类可行的回收处理方案；是否进行废旧物品再利用或再循环；废旧物品利用率是否达到最高；无法利用部分处理是否及时、有效、无污染。进行环境绩效审计评价时，应选用反映产品回收情况、反映产品回收所消耗的能源情况、反映产品回收过程中所产生的废弃物多少情况的指标。

9.6　基于环境价值链的企业环境绩效审计评价指标的构建

9.6.1　基于环境价值链的环境绩效审计评价指标的设计

本书对环境绩效审计评价指标的设计，是以环境价值链为基础，针对环境价值链各个环节的特点，设计环境绩效审计评价指标。在该指标体系中，将所有指标分为三个层次，每一层次所包括的具体指标见表9－1。

表9－1　　　　基于环境价值链的环境绩效审计评价指标体系

第一层	第二层	分值	权重	第三层	分值	权重	得分
企业环境绩效	环境政策			环境目标和方针			
				环境管理制度			
	环境管理系统			环境污染预防、纠正措施的有效程度			
				员工环境教育培训费用比率			
				企业环保机构参与各个基础活动的程度			
				企业环保认证情况			
	产品设计			单位产量原材料消耗量			
				单位产量能源消耗量			
				单位产品使用中产生的废弃物			
				单位产品使用中的能源消耗量			
	产品生产			单位产量固体废物产生量			
				单位产量废水排放量			
				噪声			
				排污达标率			
				能源利用率			
	产品营销			消费者对企业绿色产品的认可程度			
				公众与其他机构对企业绿色形象的认可程度			

续表

第一层	第二层	分值	权重	第三层	分值	权重	得分
企业环境绩效	产品营销			企业在引导绿色消费方面的努力程度			
				绿色决策在营销中的作用			
	产品回收			产品回收率			
				产品回收处理阶段的能源消耗			
				产品回收处理最终废弃物产量			
合　计							

注：由于不同企业的内部生产过程和管理状况不同，因此，在评价指标体系中，应根据被审计单位的实际情况，运用统计平均法计算出各指标的权重。故在此不宜直接给出各指标的权重。

9.6.2 评价指标体系中，各指标权重的确定

在此环境绩效审计评价指标体系中，应用统计平均法来确定各层次及各指标的权重。对于不同的企业，其生产过程及管理情况各不相同，因此在进行审计之前，应用统计平均法先确定出各指标的权重，而后再进行审计评价。

统计平均法是根据所选择的各位专家对各项评价指标所赋予的相对重要性系数分别求其算数平均值，将计算出的平均数作为各项指标的权重。其基本步骤包括：

第一步：确定专家。一般选择本行业或本领域中既有实际工作经验又有扎实的理论基础，并公平、公正道德高尚的专家。

第二步：专家初评。将待定权数的指标提交给各位专家，并请专家在不受外界干扰的前提下独立地给出各项指标的权数值。

第三步：回收专家意见。将各位专家的数据收回，并计算各项指标的权数均值和标准差。

第四步：分别计算各项指标权重的平均数。

如果第一轮的专家意见比较集中，并且均值的离差在控制的范围之内，即可以用均值确定指标权数。如果第一轮专家意见比较分散，可以把第一轮的计算结果反馈给专家，并请他们重新给出自己的意见，直至各项指标的权

重与其均值的离差不超过预先给定的标准为止，即达到各位专家的意见基本一致，才能将各项指标的权数的均值作为相应指标的权数。

9.6.3 环境绩效审计评价标准

环境绩效审计的评价指标体系中，既包括定量指标又包括定性指标，定性指标的评价，可以请企业高级管理人员（30%）、环境专家（40%）和环境审计人员（30%）分别对第三层次的每一项定性指标进行评价，单项定性指标的评价分为四个档次：评价为好得 100 分，评价为较好得 75 分，评价为一般得 50 分，评价为较差得 25 分，评价为差得 0 分。将三位专家的打分进行加权平均，计算出第三层指标的分值，再根据该项指标所占的权重，加权平均计算出第二层指标的分值。定量指标的计算可根据以下步骤：（1）计算出第三层各指标的实际值；（2）用各指标的实际值除以标准值，乘以该指标的分值，再乘以评价内容的权重（各类评价内容权重合计为 100%）；（3）得出第二层定量指标的分值。标准值可采用国家法律规定的数值；历史和行业标准；科学计算的数据；部门和单位自行制订的计划、预算、定额和合同。

$$\begin{aligned}\text{环境价值链综合评价分数} = & \text{环境政策评价总分} \times \text{相应的权重} + \text{环境管理系统评价总分} \\ & \times \text{相应的权重} + \text{产品设计评价总分} \times \text{相应的权重} \\ & + \text{产品生产评价总分} \times \text{相应的权重} + \text{产品营销评价总分} \\ & \times \text{相应的权重} + \text{产品回收评价总分} \times \text{相应的权重}\end{aligned}$$

9.6.4 审计结论

假设环境价值链综合评价分数为 E，则审计结论可分为：$E \in [0, 60)$，企业环境绩效为差；当 $E \in [60, 75)$，企业环境绩效为中；当 $E \in [75, 85)$，企业环境绩效为良；当 $E \in [85, 100)$，企业环境绩效为优。

9.7 环境价值链分析法在环境绩效审计中的运用

9.7.1 按照层次分析法将分析对象中的各影响因素划分为相互联系的有序层次，形成一个多层次的分析结构模型

第一层：企业环境绩效。

第二层：产品设计、产品生产、产品营销、产品回收、环境政策、环境管理系统，其中前四部分为企业的基本活动，后两部分为企业的辅助活动。

第三层：环境目标和方针、环境管理制度，这些属于环境政策中的；环境污染预防、纠正措施的有效程度，企业员工环境教育培训费用比率，企业环保机构参与各个基础活动的程度，企业环保认证情况，这些属于环境管理系统中的；单位产品消耗原材料的数量、单位产品能源消耗量、单位产品使用中生产的废弃物数量、单位产品使用中的能源消耗，这些为产品设计中发生的；单位产品固定废弃物产量、单位产品废水产量、噪声、排污达标率、能源利用率，这些为产品生产中发生的；消费者对企业绿色产品的认可程度、公众和其他机构对企业绿色形象的认可程度、绿色决策在营销中的作用、企业在引导绿色消费方面的努力程度，这些为产品营销中发生的；产品回收率、产品回收处理阶段的能源消耗、产品回收处理最终废弃物产量，这些为产品回收中产生的。

9.7.2 运用变异系数法来确定各层指标分别占上一层指标的权重

由于评价指标体系中各项指标的量纲不同，不宜直接比较其差别程度。为了消除各项评价指标的量纲不同的影响，需要用各项指标的变异系数来衡量各项指标取值的差异程度。各项指标的变异系数公式如下：

$$V_i = \frac{\sigma_i}{\bar{x}_i} \quad (i = 1, 2, \cdots, n)$$

其中：V_i 是第 i 项指标的变异系数、也称为标准差系数；σ_i 是第 i 项指标的标准差；$\bar{x}_i$是第 i 项指标的平均数。

各项指标的权重为：

$$W_i = \frac{V_i}{\sum_{i=1}^{n} V_i}$$

9.7.3　指标权重的确定

假设上述三层各因素之间是一致的，即第二层次某方面与相应第三层次各因素之间是一致的；上述各指标给定的权重是指相对于第二层的权重，即第二层的各指标的权重指的是第二层相对于第一层的权重，第三层的各指标的权重是指第三层相对于第二层的权重。

9.7.4　第三层各个指标的实际值计算

产品营销、环境政策、环境管理系统三部分的指标为定性指标，假定在对定性指标进行计算时采用德尔菲法，由企业的高管人员、环境专家及环境审计人员进行打分，采用百分制，并给予他们权重分别为 30%、40%、30%。定量指标假定直接可以从企业得到。

9.7.5　对企业最后的环境绩效进行合成

对企业最后的环境绩效进行合成时，主要用加权平均的方法，利用从下到上的方法逐步综合合成，即从第三层到第一层逐步合成，最终就是企业环境绩效审计的结果。

第二层次各因素计算的绩效审计结果 = 第三层次各因素确定的分值 × 第三层各因素相对于第二层各因素的权重。

第一层企业环境绩效审计结果 = 第二层次各因素的分值 × 第二层各因素相对于第一层各因素的权重。

假设当第一层企业环境绩效审计结果在 0 ~ 60 分时，企业环境绩效为差；在 60 ~ 75 分时，企业环境绩效为中；在 75 ~ 85 分时，企业环境绩效为良；在 85 ~ 100 分时，企业环境绩效为优。

9.8 环境价值链分析法在环境绩效审计中的运用举例

本书以普通制造企业为例，根据层次分析法把企业的环境价值链形成一个多层次的结构。

9.8.1 指标权重计算

以第二层为例，选择本行业既有实际工作经验又有扎实理论基础，并公平公正道德高尚的专家对这一层的各项指标赋予相对重要性系数，分别计算出各指标的平均数和标准差。

以产品设计为例：产品设计的变异系数为：V = 2/5 = 0.4。其他类推。

各项指标的变异系数加总：0.4 + 0.6 + 1.5 + 0.3 + 0.5 + 0.7 = 4

产品设计权重：0.4/4 = 0.1

其他指标以此类推，权重见表 9 – 2。

表 9 – 2　　第二层次各指标权重

指标	平均数	标准差	变异系数	权重
产品设计	5	2	0.4	0.1
产品生产	5	3	0.6	0.15
产品营销	2	3	1.5	0.375
产品回收	3	1	0.3	0.075

续表

指标	平均数	标准差	变异系数	权重
环境政策	4	2	0.5	0.125
环境管理系统	3	2	0.7	0.175
和	—	—	4	1

9.8.2　定性指标分值的计算

第三层中定性指标的计算结果如表 9 - 3 所示。

表 9 - 3　　　　第三层次各指标加权平均分值

第二层	第三层	企业高级管理人员（30%）	环境专家（40%）	环境审计人员（30%）	加权平均分值
产品营销	消费者对绿色产品的认可程度	62	60	65	62.1
	公众与其他机构对企业绿色形象的认可程度	83	85	82	83.5
	绿色决策在营销中的作用	75	72	74	73.5
	企业在引导绿色消费方面的认识和努力程度	75	80	78	77.9
环境政策	环境目标和方针	70	75	78	74.4
	环境管理制度	65	64	66	64.9
环境管理系统	环境污染预防纠正措施的有效程度	65	60	67	63.6
	企业员工环境教育培训费用比率	62	66	61	63.3
	企业环保机构参与各个基础活动的程度	60	63	61	61.5
	企业环保认证情况	68	65	62	65

注：表中加权平均之前给出的分值假设是采用德尔菲法得出的。消费者对绿色产品的认可程度分值 = 62 × 30% + 60 × 40% + 65 × 30% = 62.1，以此类推可以计算其他指标的分值。

9.8.3　形成各环节分值

在计算过程中采用加权平均方法，从下到上以此推出各环节的分值。以产品设计这一层次为例：产品设计为价值链的第二层次，它又可分为四个层次，即单位产品消耗原材料数量、单位产品能源消耗量、单位产品使用中产生的废弃物数量、单位产品使用中的能源消耗量，相对产品设计占的比重分别为20%、28%、26%、26%。

产品设计的分值＝38×20%＋30×28%＋35×26%＋35×26%＝34.2

产品设计在企业环境价值链中所占的权重为10%，在整个环境价值链中产品设计的绩效分值＝34.2×10%＝3.42。

用此方法计算环境价值链中其他指标的绩效分值，计算结果如表9－4所示。

表9－4　　环境价值链中各指标得分

第一层	第二层	第二层相对第一层的权重（%）	指标	第三层相对第二层的权重（%）	实际值	第二层得分	第一层得分
企业环境绩效	产品设计	10	单位产品消耗原材料数量	20	38		
			单位产品能源消耗量	28	30		
			单位产品使用中产生的废弃物数量	26	35		
			单位产品使用中的能源消耗量	26	35		
	小计	10				34.2	3.42
	产品生产	15	单位产品固定废弃物产量	10	60		
			单位产品废水产量	28	55		
			噪声	15	50		
			排污达标率	27	60		
			能源利用率	20	80		
	小计	15				61.1	9.165
	产品营销	37.5	消费者对绿色产品的认可程度	35	62.1		
			公众与其他机构对企业绿色形象的认可程度	24	83.5		
			绿色决策在营销中的作用	18	73.5		
			企业在引导绿色消费方面的认识和努力程度	23	77.9		

续表

第一层	第二层	第二层相对第一层的权重（%）	指标	第三层相对第二层的权重（%）	实际值	第二层得分	第一层得分
企业环境绩效	小计	37.5				72.922	27.346
	产品回收	7.5	产品回收率	45	50		
			产品回收处理阶段的能源消耗	30	35		
			产品回收处理最终废弃物产量	25	40		
	小计	7.5				42.5	3.188
	环境政策	12.5	环境目标和方针	64	74.4		
			环境管理制度	36	64.9		
	小计	12.5				70.98	8.873
	环境管理系统	17.5	环境污染预防纠正措施的有效程度	40	63.6		
			企业员工环境教育培训费用比率	25	63.3		
			企业环保机构参与各个基础活动的程度	20	61.5		
			企业环保认证情况	15	65		
	小计	17.5				63.315	11.080
	合计						63.072

从表 9 -4 得出该制造企业环境绩效审计得分为 63.072 分。环境绩效属于中等水平。

9.9　研究结论及现实意义

本书通过对环境价值链理论的分析，针对其辅助活动和基本活动分别设定相应的评价指标，构建环境绩效评价指标体系，根据指标的性质不同（定量和定性）采用不同的评分标准，对各指标进行量化打分，计算得出环境价值链的评价分值。审计人员据此得出审计结论。

通过对环境绩效审计指标体系的研究，增加了环境绩效审计的可操性，为审计人员提供了一套简洁的评价方法，有利于提高审计人员的工作效率。解决了审计人员在进行审计时，无标准可循的困难，同时也降低了审计成本。但相关理论和指标的设计不是很完善，如针对环境价值链的每一个环节的指标设计还不全面，还有待进一步的研究。在实务中，对指标的使用要根据实际情况而定，增减指标要根据评价指标的构建原则，一切从实际出发，切忌生搬硬套，要根据被审计单位的实际情况，按需设计指标。

通过以上的分析可以看出本书所介绍的基于环境价值链的环境绩效审计的方法，主要运用层次分析法把环境价值链分为相关的层次，没有用层次分析法来确定各个层次中指标的权重，而是用变异系数法来确定指标权重，这种方法计算量小，简单易懂；层次分析法可以把企业的环境绩效审计的状况数量化，计算出价值链各环节的得分，可以明确看出每个环节的状况，及时找出问题，解决问题，从而使指定的改善措施更具有针对性。该方法原理通俗易懂，可操作性比较强。但是该方法还存在严重的不足，例如：变异系数法在确定权重时对指标的具体的经济意义重视不够，存在一定的误差；在确定一些定量的指标时，本书假设可以直接从企业中拿到数据，但是这些指标是怎么测算的，拿到的数据是不是准确，主观的因素比较大；这些问题都会影响到审计结果，都有待进一步讨论。

| 第 10 章 |

管理绩效审计的构想：一个框架

“审计是以系统方法从信息、行为和制度三个维度独立鉴证经管责任履行情况并将结果传达给利益相关者的制度安排。”传统审计以信息鉴证为己任，强调对真实合规的判断，现代审计注重对行为与制度的鉴证，关注绩效。管理绩效审计是指对管理者受托管理责任的履行效绩进行的审查与评价。本书从管理审计的本质切入，通过对西方管理审计的综述，提出了从管理制度、管理职能、管理绩效、管理风险及管理道德等方面构建管理绩效审计的设想。

10.1 管理绩效审计的概念及内容

10.1.1 管理绩效审计的概念

管理审计是一种以受托管理责任为对象的审计，在我国称为“经济效益审计”。关于管理审计概念，学术界存在不同的认识：劳伦斯 · B. 索耶认为，“管理审计就是以管理者或管理咨询师的眼光去审查组织的各种活动，它与其他审计形式的区别在于它的思维方式而不在于它的技术方法。”即管理审计是对管理的审计。科勒认为，“管理审计系指由外部人员对管理业绩所作出的评价。”即管理审计是为管理而进行的审计。而日本学者友杉芳正、池口庆一、仓桥宏、久保田晃、松田修一，以及美国的罗伯特·霍华德、法勒等人认为，管理审计既具有服务管理的性质，也具有审查管理的性质，即是有双重目的的审计——综合管理审计。

我们认为，管理审计具有二重性，即自然属性和社会属性。管理审计的自然属性是指它与其他审计形式的区别在于它的思维方式而不是它的技术方法。正如劳伦斯·索耶所认为的，管理审计就是以管理者或管理咨询师的眼光去审查组织的各种活动。管理审计的社会属性是指管理审计是一种综合性审计，它不仅能从主观上、客观上对被审计单位（或被审计项目）进行彻底评估，而且还可以对管理本身的有效性作出权威的判断。因此，管理审计与经营审计之间是有区别的：第一，当用到“管理审计”这个名词时，实际上是指对包括企业最高领导阶层决策程序的有效性在内的综合性审查；第二，为了使管理审计充分发挥作用，最好是由适合的、具有资格的独立审计人员进行。基于此，我们认为，管理绩效审计是指由独立的审计人员对管理者受托管理责任的履行绩效进行系统的审查与评价。

10.1.2 管理绩效审计的内容

国际内部审计师协会于 1975 年在佛罗里达发布的第 19 号研究报告指出，管理审计是内部审计师对各层次管理活动进行面向未来的、独立的和系统的评价，其目的是通过审计促进各种管理职能、项目目标、社会目标及员工发展的实现来增强组织的获利能力，并增强其组织目标的实现。美国管理协会也认为，管理审计是指对整个管理业绩进行系统的检查、分析和评价。由此可见，管理审计的内容是企业整个管理业绩系统，包括管理职能、管理制度和管理绩效等。

10.2 西方管理绩效审计综述

西方早在 20 世纪 60 年代初就开始尝试管理审计，其范围主要有：（1）内部控制检查。（2）管理控制检查，包括总括信息、目标和方针；组织和人事；财务管理；市场营销；系统和程序。（3）纳税控制检查，包括纳税会计方法；销售税、货物税和混合税；高级管理人员的补偿费和收益……最后对管理业绩发表详细的意见。美国著名管理咨询师伦纳德（1962）指出，管理审计是对各层次管理当局的管理能力实施的检查。劳伦斯·索耶则认为，管理审计是从企业顾问的角度审视经营活动，试图从业务审计人员发现的缺陷中透视隐蔽的违背管理原则的行为，帮助管理层更加经济、更有效率、更有效果地进行管理。可见，西方管理审计的主要工作范围是对管理绩效进行的审查与评价。我国学者羡绪门教授在总结西方管理审计发展历程时，特别对其审计内容进行了梳理总结：一是对企业目标、计划、组织和控制的审查，包括对企业目标的审查、对计划（预算）的审查、对组织系统的审查、对内部控制系统的审查、对企业通信系统的审查；二是对企业职能领域的审查，包括对技术职能领域的审查、对质量管理职能领域的审查、对采购职能领域的审查、对生产职能领域的审查、对存货管理职能领域的审查、对销售职能领域的审查、对人事管理职能领域的审查、对企业财务管理职能领域的审查、对企业会计系统的审查、对其他职能领域的审查。

王光远教授在综合阐述西方管理审计时指出，内向型管理审计的内容包括：评价企业的组织机构，评价管理当局确定组织目标和方针的过程与程序，评价计划与控制方面的管理制度，评价管理控制技术，评价员工的能力，根据一体化沟通系统的要求，评价总体业绩。

10.3　构建我国管理绩效审计的设想：一个框架

10.3.1　管理制度审计

管理制度审计即“制度审计”，是指对管理控制制度的恰当性和有效性进行检查和评价，实质上反映了以内部控制为中心的、服务于经营管理的现代管理方式的要求，体现了外部审计向制度基础审计发展对内部审计所产生的影响。这种观点最早由美国的管理咨询师伦纳德（1962）提出，认为内部审计是计量和评价其他管理控制的控制，是内部控制的有机组成部分，同时也强调了内部审计师作为内部控制或管理控制专家的身份。

制度设计的价值在于控制代理成本，通过对制度设计的健全性、合理性以及制度运行的有效性进行审查，可以揭示制度安排方面的重大缺陷和薄弱环节，从而提出管理意见和建议，帮助管理当局完善控制，改进管理，提高效益。所以，管理制度审计是管理绩效审计的开端，是整个管理控制系统适当性、有效性的试金石、感应器。在审计实务中，审计人员依法对被审计单位的内部控制制度进行审核就是一种典型的管理制度审计。比如，2002 年美国《萨班斯法案》要求公众公司的管理层评估和报告公司最近年度的财务报告内部控制的有效性。还要求公司的外部审计师对管理层的评估意见出具“证明”，即向股东和公众提供一个信赖管理层对公司财务报告内部控制描述的独立理由。

10.3.2 管理职能审计

著名管理学家德鲁克认为，管理是一种以绩效、责任为基础的专业职能。因此，对管理职能的审计，实质是对企业内部管理职能部门或单位的具体业务活动或具体职能，包括对部门之间的协调关系进行评价，其最终目的是明确责任、提高管理效绩。

对管理职能的审计，应当包括对管理计划、组织、领导、控制和创新等方面的审查。其中：

（1）对计划职能的审查主要是对管理人员预测企业未来的各种事态、确定企业的目标和完成目标的步骤等进行的评价，既要审查长远的指导计划，也要审查短期的行动计划。

（2）对组织职能的审查主要是评价企业组织结构的设计、人员与资源的配置、责权利的落实、相关组织运作程序及制度的制定是否健全有效，是否真正发挥其作用。

（3）对领导职能的审查主要是评价领导在指导与激励被管理者、协调与沟通组织内部与外部的关系以及解决冲突时的责任与业绩，既要对中层领导职能进行评价，更要对高层领导职能进行评价。

（4）对控制职能的审查主要是评价管理者是否及时取得计划执行情况的信息，并将有关信息与计划进行比较，据以发现实践活动中存在的问题，分析原因，并及时采取有效的措施；企业组织系统内部是否建立纵横向控制机制，各项控制的时效性及定量化程度是否科学合理。

（5）对创新职能的审查主要是对企业家精神的评价。著名经济学家熊彼特认为，企业家精神的真谛就是创新，创新是一种管理职能。因此，对创新职能的审查，主要是对企业在经营目标、技术水平、制度安排、组织结构和环境建设等方面是否能够因时制宜、因地制宜地进行调整和优化，其效果是否达到预期目标进行审查，从而对管理者绩效进行综合评价。

10.3.3　管理绩效审计

管理绩效审计是指对管理职能各领域的绩效进行的审查和评价。具体包括：

（1）供应绩效审计。即对供应部门采购政策的合理性、物资采购与生产进度的相关性、采购工作的经济性、效率性和效果性进行的审查评价，旨在评价企业供应环节管理绩效的优劣程度。

（2）存货绩效审计。即对存货管理的组织机能、管理政策、控制制度等进行审查，旨在揭露企业存货的损失浪费情况，评价存货管理效能。

（3）生产绩效审计。即对生产计划的系统性、产品生产的合理性、产品质量控制的有效性、生产部门的成本—效益性，以及生产过程中投入与产出的经济性、效率性和效果性进行的审查与评价。

（4）销售绩效审计。即对销售部门组织形式的适当性、销售政策和促销手段的科学合理性、销售价格的公允性、销售业绩评价的先进性以及销售费用控制的有效性等进行审查评价。

（5）财务绩效审计。即对财务管理系统的科学性、内部控制的健全性、成本会计制度的合理性、预算控制制度的有效性以及投（融）资决策的适当性进行审查评价。

10.3.4 管理风险审计

管理具有一定的风险性。对风险进行有效管理，是管理绩效审计的重要内容之一。国际内部审计师协会发布的《内部审计实务公告》指出："风险管理是管理人员的关键职责。要实现其业务目标，管理人员应该保证机构拥有健全的风险管理过程，而且这些程序正在有效地发生作用。董事会和审计委员会应该在确定机构是否建立恰当的风险管理过程中，以及这些程序是否充分有效运作等方面起监督作用。"因此，风险管理是企业管理当局的责任，对风险管理进行审计实质是对企业管理绩效的审查与评价。

（1）风险管理机制的审查与评价。企业的风险管理机制是企业进行风险管理的基础，而良好的风险管理机制又是企业风险管理是否有效的前提。因此，对企业风险管理机制的审计，首先，应审查企业风险管理组织机构的健全性，因为一个健全的风险管理机制是规范和化解管理风险的重要前提。其次，应审查风险管理程序的合理性和适当性。最后，应审查风险预警系统的存在性和有效性。

（2）风险识别机制的审查与评价。风险识别是指对企业面临的以及潜在的风险加以判断、归类和鉴定风险性质的过程。通常，企业风险识别机制的审查应当包括对风险识别原则的合理性审查以及风险识别方法的适当性评价。

（3）风险评估程序的审查与评价。风险评估的程序是"评估—量化—排序—决策"的过程，因此，对风险评估程序的审计主要是对风险评估效果和风险评估方法的审查与评价。风险评估效果审计应重点关注风险发生的可能性以及风险对组织目标的实现产生影响的严重程度。

（4）风险应对措施的审查与评价。首先，应当评价采取风险应对措施之后的剩余风险水平是否在企业可以接受的范围之内；其次，应当评价采取的风险应对措施是否适合本企业的经营与管理特点；最后，应当进行成本效益的考核与衡量。

10.3.5　管理道德审计

著名管理学家斯蒂芬·罗宾斯认为，一种重要的制止非道德行为的因素是害怕被抓的心理。按照组织的道德评价决策和管理的独立审计，提高了发现非道德行为的可能性。根据委托—代理理论，如果信息的非对称性发生在当事人签约之后，则会产生道德风险；反之，如果信息的非对称性发生在当事人签约之前，则会产生逆向选择。在代理行为模型中，委托人都面临着一个共同的问题，即代理成本。委托人必须通过对代理人进行适当激励，以及通过承担用来约束代理人越轨活动的监督费用，可以使其利益偏差有限。

为此，《萨班斯法案》中的财务披露部分第 406 条要求公司针对其财务总监或首席会计师建立相应的“道德规范”，而且道德规范中还必须包括促进诚信道德的行为所必需的准则，包括个人与其职业关联者之间的利益冲突的处理。公司董事会和审计委员会必须制定单独针对公司财务总监的道德规范。

尽管《萨班斯法案》规定的道德方案的主要对象是公司财务总监级别的人员，但是公司所作出的任何制定道德规范或者行为规范的努力都应当扩展到整个公司的所有员工。因此，企业道德规范不仅是对管理当局的道德约束，更重要的是对所有企业职员的道德约束。道德约束是企业管理与控制的重要手段之一，有效的道德规范有助于实现企业管理的优质高效化。而开展道德审计是实现这一目标的必然选择。

对管理道德进行审计，主要是评估管理当局特别是最高管理当局是否遵循了良好的内部控制程序，有效地利用其资源，遵循良好的保密程序，同时遵守约束管理者行为的企业章程，最终评价其经营业绩与管理绩效，并为企业（公司）审计委员会提供借以评估管理当局道德情况的审计报告。

| 第11章 |

环保制度绩效审计案例分析

环境保护制度，是指以环境法律规定为依据，把环境保护工作纳入计划，以责任制为核心，以签订合同的形式，规定企业在环境保护方面的具体权利和义务的法律制度。环境保护制度分为管制制度和经济激励制度。理论与实践证明，管制制度向经济激励制度转化是实现环境目标的一个自然结果。在我国，随着科学发展观的不断落实，未来环境保护制度的趋向必然是激励型的制度安排替代管制制度的主导地位。成本效益分析最适合环保制度效果研究，也就是赫希所称的“效果评估”（effect evaluation）。它通过对可测变量的定性鉴定和定量分析可以作出对制度效益的评价，从而说明一项制度实施后在经济上是否有效益。尽管这种分析模型只能适用于部分制度绩效评价，但对于环保制度尤其是排污费制度这种可以提供大量原始测度数据的制度来说，它仍然是一种可行的办法。

11.1 案例背景及立项依据

11.1.1 案例背景

某集团公司下属五家化工厂：A厂、B厂、C厂、D厂、E厂。化工厂污染源和污染物最多，污染严重，且逐年呈递增之势，对当地经济、社会和生态保护造成严重影响。具体情况如表 11 - 1 ~ 表 11 - 8 所示①。

表 11 - 1　　近 5 年主要污染物排放情况

年份	主要污染物产生情况						达标情况
	废酸（吨/年）	酸性废水（吨/年）	碱性废水（吨/年）	氮氧化物（吨/年）	硫酸雾（吨/年）	废渣（吨/年）	
20×1	37079	21155827	4006865	2733.15	3205.60	95271.92	不达标
20×2	47298	21688575	4135577	2769.71	2402	117382.08	不达标
20×3	130079	22818956	4696504	3318.08	3980.10	133106.05	不达标
20×4	171208	28270118	5178302	2839.50	3437.40	102481	不达标
20×5	213521	26802329	5192004	2947.60	4091.72	111427.76	不达标
合计	599185	120735805	23209252	14608.04	17116.82	559668.81	不达标

表 11 - 2　　化工厂 A 类产品污染物实际排放情况与标准的比较（排放的某废水）

项目	A 厂		C 厂		D 厂		E 厂	
	标准	实际	标准	实际	标准	实际	标准	实际
色度（稀释倍数）	80	—	200	200 ~ 400	200	500 ~ 1000	50	—
悬浮物（mg/L）	100	510	150	—	150	—	100	—
COD（mg/L）	150	138	300	400 ~ 600	300	> 1000	100	188
pH 值	6 ~ 9	≤6	6 ~ 9	3 ~ 8	6 ~ 9	2.5 ~ 3.5	6 ~ 9	6

表 11 - 3　　排放的某废水实际与标准的比较

项目	A 厂		D 厂	
	标准	实际	标准	实际
色度（稀释倍数）	80	232 ~ 268	60	—
悬浮物（mg/L）	100	100 ~ 160	100	—
COD（mg/L）	150	1000 ~ 1400	120	1660
pH 值	6 ~ 9	7.5	6 ~ 9	7 ~ 8

① 审计署环境审计协调领导小组办公室. 环境审计案例 [M]. 北京：中国时代经济出版社，2008.

表 11－4　　氮氧化物实际排放情况与标准的比较

单位	排放浓度（mg/m³）		排放速率（kg/h）		备注
	标准	实际	标准	实际	
A 厂	1700	1500～1800	14	24.1	
	1400	12000	11	8.4	
C 厂	1700	430	14	9.53	
D 厂	1700	1100	7.7	8.3	
E 厂	1700	400	7.7	6.8	

表 11－5　　硫酸雾实际排放情况与标准的比较

单位	排放浓度（mg/m³）		排放速率（kg/h）		备注
	标准	实际	标准	实际	
A 厂	1000	1000	18	36	
C 厂	1000	停产	41	—	
D 厂	1000	1500～2000	27	40	
E 厂	1000	达标	41	达标	

表 11－6　　化工厂 B 类产品污染物实际排放情况与标准的比较（酸性废水）

项目	E 厂		B 厂（总部）		805 厂（分厂）	
	标准	实际	标准	实际	标准	实际
COD（mg/L）	100	106	150	400	150	50
硝基物（mg/L）	3.0	70～30	3.0	10.0	5.0	达标
pH 值	6～9	3.72	6～9	—	6	<2

表 11－7　　氮氧化物实际排放情况与标准的比较

厂名	排放浓度（mg/m³）		排放速率（kg/h）		备注
	标准	实际	标准	实际	
E 厂	1700	3828～8506	7.7	14.3～14.7	
B 厂（总部）	1700	1533	1.5	30	
B（分厂）	1700	30000	2.3	42	

表 11－8　　硫酸雾实际与标准的比较

厂名	排放浓度（mg/m³）		排放速率（kg/h）		备注
	标准	实际	标准	实际	
B 厂（总部）	1000	>2000	27	>48	
B（分厂）	1000	>2200	27	>52.8	

11.1.2　立项依据

根据审计机关年度工作计划，将该集团公司的环境污染问题作为绩效审计对象。之所以如此，主要基于以下几点考虑。

一是党中央国务院高度重视环境问题。“十一五”规划明确指出：各地区各部门都要把保护环境作为一项重大任务抓紧抓好，采取严格有力的措施，降低污染物排放总量，切实解决影响经济社会发展特别是严重危害人民健康的突出问题。

二是审计署有明确要求。《审计署 2006 至 2010 年审计工作发展规划》指出：全面推进效益审计，促进经济增长方式转变，提高财政资金使用效益和资源利用效率、效果，建设资源节约型和环境友好型社会。积极开展资源与环境审计，加强对与资源开发和环境保护有关的资金、重点生态保护工程、重点流域（或区域）污染治理项目的审计和审计调查，探索符合我国国情的资源与环境审计模式。

三是社会公众高度关注。随着我国经济的快速发展，严重的资源与环境问题也日益凸显，引起了社会各界的高度关注。特别是重大环境污染事故的频繁发生，不仅严重破坏了生态环境，给人民群众的生命安全带来了严重危害，而且严重制约了经济、社会的可持续发展。因此，社会各界要求加大环境整治力度，依法保护环境。

四是企业环保意识的增强。企业特别是大型企业在取得经济效益的同时，越来越重视环境效益和社会效益，因此，通过环境效益审计，可以为企业提出加强环境与生态建设、实现可持续发展的审计意见和建议，从而帮助企业提升其社会责任意识，重树良好的社会形象。

五是审计评价标准的可确定性。环境污染尽管专业性较强，但国家对不同类型的企业污染物排放标准有明确规定，利于审计评价。

11.2 审计目标、范围及重点

11.2.1 审计目标

在对某集团公司环境污染及环保制度绩效情况进行审计时，我们确定的总体目标是“摸清情况、揭露隐患、健全制度、促进发展”。也就是从总体上摸清某集团公司所属化工企业污染物排放总体规模、污染物超标情况、环保制度绩效情况，揭露环境污染造成的危害，分析原因，提出相应的措施，帮助某集团公司从根本上解决长期存在的环境污染问题。

11.2.2 审计范围

根据审前调查了解的情况，某集团公司所属企业中，化工厂污染源和污染物最多，污染最严重。因此此次审计范围确定为某集团公司所属的 A 厂、B 厂、C 厂、D 厂、E 厂五家化工企业。

11.2.3 审计重点

为摸清企业污染物排放的总体规模，揭露环境污染的危害，分析产生问题的原因，评价环保制度绩效，提出有效措施，推进企业转变经济增长方式，实现可持续发展。根据重要性、风险性、可行性等原则，确定以下三个方面的审计重点：污染物排放和超标情况；污染物排放对环境造成的影响；环保制度执行情况及其绩效。

11.3　审计评价标准

环保制度绩效审计评价标准很多，在判断企业污染物排放是否超标以及环保制度绩效方面，我们依据的评价标准是国家有关部门和地方政府制定的企业污染物排放必须遵守的标准。具体包括：

11.3.1　国家制定颁布的污染物排放标准

国家制定颁布的污染物排放标准，如各企业大气污染物排放目前执行的各种标准等（见表 11 -9）。

表 11 -9　　各厂大气污染物排放标准

项目	污染物名称	执行标准号	排放限值					备注
			最高允许排放浓度（mg/m^3）	最高允许排放速率（kg/h）				
				排气筒（m）	一级	二级	三级	
×产品	硫酸雾	略	1000	30	禁排	10	16	
				40	禁排	18	27	
				50	禁排	27	41	
×产品	氮氧化物	略	1700	20	0.77	1.5	2.3	
				30	2.6	5.1	7.7	
				40	4.6	8.9	14	

11.3.2　地方政府制定颁布的污染物排放标准

有的省、市根据特定的区域环保要求，以地方性法规的形式规定了地方排放标准。由于地方排放标准严于国家标准，因此，企业污染物排放不但要遵守国家标准，还要执行地方标准。如 E 厂污水排放除执行国家标准外，还必须执行所在省份制定的标准。

11.4　审计流程与方法

实施阶段的审计流程主要是运用适当的审计方法，收集审计证据，综合分析信息，应用审计标准评价被审计单位的效益情况，得出审计结论，提出审计建议。为收集充分、适当的审计证据，着重采用了审阅、观察、分析性复核、访谈和现场拍摄等审计方法。

针对某集团所属企业污染物排放超标情况，我们重点对污染物排放对环境造成的影响以及有关环保制度绩效进行了审查。

11.4.1　污染物排放对环境影响的审查

（1）收集的主要证据。一是企业排污费缴纳和被环保部门罚款情况；二是重大污染事故和事件；三是因环境污染被新闻媒体曝光情况，以及当地人大、政府要求限期治理的情况；四是因环境污染引发的群众性聚众、上访情况；五是因环境污染造成的直接和间接经济损失情况。具体资料见表11-10、表11-11。

表11-10　环境污染事故及经济损失统计　　单位：万元

年份	污染事故或事件造成的经济赔偿						环保部门罚款						缴纳的排污费					
	A	B	C	D	E	小计	A	B	C	D	E	小计	A	B	C	D	E	小计
20×1			11			11	15					15	5.56	30.5	18	45.9	200	300
20×2			8			8	27		2			29	3.53	43.5	18	45.9	300	411
20×3			18	35		53	40		8			48	6.03	57.2	18	61.3	300	443
20×4			0	90		90	28		8			36	12.8	83.5	293	80	100	569
20×5			3	375		378	16	5				21	12.6	89	293	131	300	826
合计			40	500		540	126	5	18			149	40.6	304	640	364	1200	2549

表 11 –11　　化工厂污染物排放限期治理统计

厂名	文件下达单位	文件号	限期治理内容	完成期限
A 厂	某省人民政府 某市人民政府	略	硝酸及硫酸雾、全厂废水、废水 COD、Cr +6	20 ×0 年 10 月底 20 ×0 年 10 月底
B 厂（总部）	国家有关部门 某省环保局 某市环保局	略	硫酸雾	20 ×0 年底 20 ×3 年 9 月
B 厂（分厂）	某省人民政府 某市人民政府 某市环保局	略	硫酸雾	20 ×0 年 12 月底
C 厂	某省人民政府	略	废酸处理、废水	20 ×0 年 12 月底
E 厂	某省人民政府	略	硫酸雾浓缩清洁生产工艺、总排废水	上年年底 20 ×0 年底

（2）运用的审计方法。一是实地观察，了解被审计单位生产工艺流程，查看污染物排放对当地土地、河流、大气造成的影响；二是访谈，通过与当地人大、政府环保部门有关人员座谈，了解被审计单位污染物排放对环境的影响，排污企业被通报、曝光情况，以及因环境污染引发的群体性聚集、上访情况，因环境污染造成的直接和间接经济损失情况；三是通过审查账目，收集因污染物排放造成环境事故而被罚款情况，以及排污费缴纳情况；四是现场拍摄，取得被审计单位污染物排放对土地、河流造成影响的实际资料。

11.4.2　有关环保制度绩效状况的审查

（1）收集的主要证据。收集 20 ×1 ~20 ×5 年国家有关环保制度执行情况的书面资料以及环保治理投入资金情况。具体见表 11 –12。

表 11-12　　污染治理资金投入情况　　单位：万元

年份	污染治理资金投入情况												
	国家投入						企业自筹投入						总计
	A	B	C	D	E	小计	A	B	C	D	E	小计	
20×1	82.5	10			100	192.5	13	760		220	55	1048	1240.5
20×2	336.94	260			700	1296.94	20	169		500	484	1173	2469.94
20×3		70		221.5	400	691.5		237		1202.9	269	1708.9	2400.4
20×4	77	193	3569		200	4039		295		500.3	0	795.3	4834.3
20×5		20				20	83.5	1769	1000	470.5	330	3653	3673
合计						6239.94						8378.2	14618.14

（2）运用的审计方法。一是审查账目，了解国家和企业环保治理投入资金的规模和方向；二是收集企业有关环境保护方面的制度，了解企业环保制度的执行情况。

11.5　审计分析与评价

据统计，某集团公司所属五家化工企业在生产过程中，每年产生硫酸雾3423吨、氮氧化物2921吨、废水2878万吨、废酸12万吨、各种固体废渣11万吨。审计调查发现，这五家化工企业排放的硫酸雾大多超标2倍以上，氮氧化物排放浓度最高超标达20倍，废水中的pH值、COD、色度长期不达标。大量排放的“三废”不仅污染了包括长江、黄河在内的五条河流，而且给工厂周围居民的饮用水、农田甚至包括人民群众的生命带来了严重危害。该问题已引起所在地省、市政府、人大乃至国务院的高度重视，环保部门已多次通报批评、罚款和提出限期治理的要求。初步统计，20×1～20×5年，这五家化工企业因污染问题，已被环保部门罚款149万元，收取排污费2548万元。此外，因污染事故导致的经济赔偿540万元。

之所以如此，究其原因：

11.5.1 企业设备老化、工艺落后

A 厂、B 厂、C 厂、D 厂、E 厂建成时间较早，由于化工生产的特殊性，各厂基本未进行过大规模的技术改造和设备更新，设备腐蚀严重，加上各化工厂的生产工艺落后，环保设施不配套，使污染物的排放对环境造成了较大的污染。

11.5.2 环保资金投入不足

环保资金投入较少，环保资金缺口较大，投入的环保资金无法根治其环境污染问题。

11.5.3 环保制度缺乏绩效

从环保制度的成本效益角度看，该集团公司所属化工企业的制度成本主要是污染治理资金的投入量（当然还包括其他方面的成本，在此不计），制度收益主要是落实制度以后为企业带来的损失（包括经济赔偿费、罚款以及缴纳的排污费等）的减少额。综观企业 20×1 ~ 20×5 年资料，其制度成本高达 14618 万元，而制度收益为：假定制度实施前的损失为 2000 万元，则 20×1 年收益为 1700 万元（2000 - 300），20×2 年为 1589 万元（2000 - 411），20×3 年为 1557 万元（2000 - 443），20×4 年为 1431 万元（2000 - 569），20×5 年为 1174 万元（2000 - 826），5 年共计 7451 万元（不计现值）。为此，我们设计出该集团公司环保制度成本效益分析表（见表 11 - 13）。

表 11 - 13　某集团公司环保制度成本效益分析表　单位：万元

年份	制度成本	年度损失	制度效益（减少损失）	净效益（效益 - 成本）	备注
制度实施前	0	2000	0	0	假定没有制度
20×1	1240.5	300	1700	459.5	

续表

年份	制度成本	年度损失	制度效益（减少损失）	净效益（效益-成本）	备注
20×2	2469.94	411	1589	-880.94	
20×3	2400.4	443	1557	-843.4	
20×4	4834.3	569	1431	-3403.3	
20×5	3673	826	1174	-2499	
合计	14618.14	2549	7451	-7167.14	

假定当时的社会平均贴现率为10%，则各年成本、效益折现后的净效益现值为-4800.02万元。具体如表11-14所示。

表11-14　某集团企业环保制度成本效益现值分析表　单位：万元

n	年份	成本①	效益②	折现率10%			
				折现系数③	效益现值 ④=②×③	成本现值 ⑤=①×③	净效益现值 ⑥=④-⑤
1	20×1	1240.5	1700	0.9091	1545.47	1127.74	417.73
2	20×2	2469.94	1589	0.8264	1313.15	2041.16	-728.01
3	20×3	2400.4	1557	0.7513	1169.77	1803.42	-633.65
4	20×4	4834.3	1431	0.6830	997.37	3301.83	-2304.46
5	20×5	3673	1174	0.6209	728.94	2280.57	-1551.63
合计		14618.14	7451		5754.70	10554.72	-4800.02

可见，该集团公司所属化工企业在执行国家有关环保制度方面绩效不佳，存在制度绩效低下、经济效益不高等问题。

11.6　审计意见和建议

通过以上分析，我们对被审计单位提出如下审计意见和建议。

（1）该集团公司应该坚持环境保护与经济发展并重，生态效益与经济效益并举的原则，采取更为积极主动的措施，统筹兼顾、整体设计、突出重点、分步实施，加大力度整治环境污染问题。

（2）该集团公司应强化科技创新，更新设备，改进生产工艺技术，加强环保治理研究和技术攻关，积极探索发展循环经济、清洁生产的有效模式，切实转变观念，走可持续发展之路。

（3）该集团公司应严格执行国家有关环保制度，努力提高环保制度绩效。鉴于企业环保制度落实不力、制度缺乏绩效等实际情况，建议企业细化制度、责任到人，真正做到“谁污染、谁治理、谁担责”。

参考文献

［1］V. 奥斯特罗母，D. 菲尼，H. 皮希特．制度分析与发展的反思［M］．北京：商务印书馆，1992.

［2］阿瑟·E. 威特. 管理审计：艺术的现状［J］．会计杂志，1967（8）.

［3］包国宪，曹西安．我国地方政府绩效评价的回顾与模式分析［J］．兰州大学学报（社会科学版），2007（1）.

［4］包国宪，等．第三方政府绩效评价的实践探索与理论研究：甘肃模式的解析［J］．行政论坛，2010，17（4）：59－67.

［5］蔡莉．内部审计审计视角的地方政府专项债券政策跟踪审计路径［J］．中国内部审计，2021（6）：42－44.

［6］蔡利，段康．政府审计对地方政府债务治理的效应研究［J］．审计研究，2022（2）：31－42.

［7］蔡自力．建立绩效预算制度，最大限度地提高财政支出效益［J］．财政研究，2005（1）.

［8］陈共荣，沈玉萍，刘颖．基于 BSC 的农民专业合作社绩效评价指标体系构建［J］．会计研究，2014（2）：65－70.

［9］陈汉文，韩洪灵，李若山．审计理论［M］．北京：机械工业出版社，2009.

［10］陈璐．浅探经济责任审计评价指标的建立［J］．时代经贸，2008，6（108）.

[11] 陈思维. 环境审计 [M]. 北京: 经济管理出版社, 1998.

[12] 陈宋生. 政府绩效审计研究 [M]. 北京: 经济管理出版社, 2006.

[13] 陈希晖, 邢祥娟. 论环境绩效审计 [J]. 生态财富, 2004 (12): 87 - 90.

[14] 陈希晖. 平衡计分卡在绩效审计评价标准中的应用 [J]. 山东工商学院学报, 2006, 20 (4).

[15] 陈正兴. 环境审计 [M]. 北京: 中国审计出版社, 2001: 52 - 53.

[16] 程虹. 制度变迁的周期 [M]. 北京: 人民出版社, 2000.

[17] 丁艳秀. 企业环境绩效审计评价指标体系研究 [D]. 长沙: 长沙理工大学, 2009: 21 - 23.

[18] 范经华. 基于平衡积分卡的内部审计质量控制评价指标体系探讨 [J]. 审计研究, 2013 (2): 82 - 83.

[19] 方振邦, 王国良, 余小亚. 关键绩效指标与平衡计分卡的比较研究 [J]. 中国行政管理, 2005 (5): 9 - 11.

[20] 付同青. 基于平衡计分卡的政府审计绩效评估指标构建 [J]. 审计与经济研究, 2008 (5): 18 - 23.

[21] 高前善. 生态效率——企业环境绩效审计评价的一个重要指标 [J]. 经济论坛, 2006, 7 (2): 87 - 88.

[22] 高强, 马丽莹. 解析经济责任审计的起点 [J]. 审计月刊, 2008 (1).

[23] 耿秀芳. 我国环境绩效审计方法研究的现状及其评述 [J]. 商场现代化, 2009 (8).

[24] 郝雪莲. 基于平衡计分卡的经济责任审计评价指标体系 [J]. 经济纵横, 2008, 185 (8).

[25] 胡乃泼. 美国联邦审计机关绩效评价体系及借鉴 [J]. 审计与理财, 2007 (8): 16 - 17.

[26] 黄星星, 王文杰, 刘海棠. 基于平衡计分卡理论的政府绩效评估指标体系研究 [J]. 法制与社会, 2006 (11).

［27］简·莱恩．新公共管理［M］．赵成根，等译．北京：中国青年出版社，2004.

［28］江苏省审计学会课题组．国家审计与政府绩效管理［J］．审计研究，2012（2）.

［29］R. 科斯．企业的性质［J］．经济学家，1937.

［30］柯武刚，史漫飞．制度经济学［M］．北京：商务印书馆，2000.

［31］郎咸平：政府常常阻碍经济发展方式转变［EB/OL］．凤凰网财经.

［32］雷增弟．公路行业经济责任审计评价指标体系探析［J］．陕西交通审计，2010（11）.

［33］李美羲．国家审计在政府绩效管理中作用分析［J］．辽宁经济，2012（2）.

［34］李学柔，秦荣生．国际审计［M］．北京：中国时代经济出版社，2002：437－438.

［35］李雪，王春平．我国环境绩效审计方法研究评述［J］．会计之友，2006（3）.

［36］林逢春，陈静．企业环境绩效评估指标体系及模糊综合指数评估模型［J］．华东师范大学学报（自然科学版），2006（6）：37－40.

［37］刘爱东，张鼎祖．中国地方审计机关效率测度与分析：基于1998－2009年的面板数据［J］．审计研究，2014（5）：60－61.

［38］刘海萍．近年来政府绩效评价研究综述［C］//“构建和谐社会与深化行政管理体制改革”研讨会暨中国行政管理学会2007年年会论文集，2007.

［39］刘骅，陈涵．地方政府债务的协同治理审计研究［J］．财政研究，2018（9）：107－117.

［40］刘家义．论国家治理与国家审计［J］．中国社会科学，2012（6）：60－72.

［41］刘家义．审计要担当国家经济运行的免疫系统［N］．中国青年报，2008（4）.

［42］刘均刚，孙明禄，李侠．审计机关绩效管理的探索与实践［J］.

审计研究，2013（4）：28－30.

［43］刘秋明．基于公共受托责任理论的政府绩效审计研究［D］．厦门：厦门大学，2006.

［44］刘希宋，王健．成本法对成本控制的优化研究［J］．经济师，2003（12）.

［45］龙小燕，赵全厚，黄亦炫．地方政府专项债券的问题解析与制度完善［J］．经济纵横，2021（4）：120－128.

［46］卢现祥，朱巧玲．新制度经济学［M］．3 版．北京：北京大学出版社，2007.

［47］吕培俭，罗进新．效益审计应当注重宏观效益［J］．审计研究，2005（1）.

［48］罗伯特·莫勒尔．SOA 与内部审计新规则［M］．刘霄伦，等译．北京：中国时代经济出版社，2007.

［49］罗伯特·施瓦茨．政府审计战略：走出效果审计的困境［J］．国际审计纵横，2001（3）.

［50］罗韵轩．我国商业银行经济责任审计评价指标体系的构建［J］．审计与经济研究，2008（2）.

［51］马介强．平衡计分卡：集团战略管理的利器［J］．中国石化，2008（1）.

［52］马克思．资本论（第一卷）［M］．北京：人民出版社，1980.

［53］孟焰，潘秀丽．企业风险管理审计研究［J］．审计研究，2006（3）.

［54］诺斯．制度、制度变迁和经济绩效［M］．上海：上海三联书店，1995.

［55］欧阳程，陈莉．国家审计机关绩效的模糊综合评估［J］．中国管理信息化，2010（12）：22－23.

［56］秦荣生．深化政府审计监督 完善政府治理机制［J］．审计研究，2007（1）.

［57］青木昌彦．比较制度分析［M］．周黎安，译．上海：上海远东出版社，2001.

［58］尚虎平，李逸舒．一种概念界定的工具：原子图谱法——以“绩效”“政府绩效”“政府绩效评估”概念为例［J］．甘肃政法学院学报，2011（4）．

［59］邵荣，李法杰，唐少文．国家审计与政府绩效管理研究［J］．审计文汇，2012（2）．

［60］沈葳．试论公共财政审计存在的客观理论基础［J］．审计研究，2005（4）．

［61］审计署审计科研所．中国审计研究报告［M］．北京：中国时代经济出版社，2005．

［62］施青军．效益审计的一种可行框架：成本—效益分析［J］．审计研究，2005（2）．

［63］施雪华．政府权能理论［M］．杭州：浙江人民出版社，1998．

［64］斯蒂芬·罗宾斯．管理学［M］．4 版．北京：中国人民大学出版社，1994．

［65］苏鹏飞．平衡计分卡原理及应用研究——基于中国资本市场的发展思考［J］．财经界，2007（1）．

［66］汤亚莉，邓丽．基于环境价值链的环境绩效审计方法［J］．科技进步与对策，2006（11）：99－101．

［67］田国双，逯艳丽，朱兴杰．企业领导任期经济责任审计评价指标体系的研究［J］．林业财力与会计，2002（1）．

［68］王光远．管理审计理论［M］．北京：中国人民大学出版社，1996．

［69］王光远．建立政府机关内部审计制度强化政府施政效率和效果［J］．中国内部审计，2006（4）．

［70］王光远．内部审计思想［M］．北京：中国时代经济出版社，2006．

［71］王光远．试论管理审计中的平衡计分卡［J］．财会月刊，2002（11）．

［72］王敏．中国地方政府专项债券发行问题研究［J］．中央财经大学学报，2020（11）：13－25．

［73］王奇杰．高校部门负责人经济责任审计评价指标体系研究［J］．事业财会，2008（1）．

[74] 王蔚. 构建事业单位经济责任审计评价指标体系的探索 [J]. 江苏工业学院学报, 2007, 8 (2).

[75] 王秀明, 项荣. 关于审计机关绩效评价若干问题的思考 [J]. 审计研究, 2013 (4): 25 - 27.

[76] 王学龙, 等. 经济效益审计评价指标研究: 基于平衡计分卡视角 [J]. 中国审计学会, 2010 (6).

[77] 王泽彩, 郑金宇. 新增地方政府专项债券项目绩效管理机制研究 [J]. 地方财政研究, 2021 (6): 39 - 46 + 59.

[78] 韦小泉. 政府审计对地方政府专项债券风险的影响研究 [J]. 审计研究, 2020 (4): 51 - 57.

[79] 温来成. 地方政府专项债券项目绩效评价指标体系建设的重点与难点 [J]. 审计观察, 2021 (12): 25 - 27.

[80] 吴立群, 王恩山. 环境绩效审计有关问题初探 [J]. 济南职业学院学报, 2005 (5): 47 - 50.

[81] 解丽杰. 经济责任审计评价指标探讨 [J]. 河北企业, 2007 (4).

[82] 羡绪门. 西方管理审计导论 [M]. 沈阳: 辽宁人民出版社, 1990.

[83] 肖婷. 政府专项债券资金审计之我见 [EB/OL]. (2022 - 09 - 23). https: //sjj. dingxi. gov. cn/art/2022/9/23/art_9474_1580895. html.

[84] 辛金国, 杜巨玲. 试论费用效益分析法在环境审计中的运用 [J]. 审计研究, 2000 (5): 48 - 53.

[85] 邢俊芳, 等. 最新国外绩效审计 [M]. 北京: 中国时代经济出版社, 2004.

[86] 熊伟, 许恋天. 地方政府专项债券: 制度困境与路径选择 [J]. 上海经济研究, 2022 (4): 77 - 87.

[87] 杨肃昌, 肖泽忠. 试论中国国家审计 "双轨制" 体制改革 [J]. 审计与经济研究, 2004 (3).

[88] 杨体军. 财政监督成本与效益分析 [J]. 中国财政, 2005 (5).

[89] 杨婷. 内部环境绩效审计研究 [D]. 福州: 福州大学, 2005: 44 - 45.

［90］ 于保和．经济责任审计研究［D］．大连：东北财经大学，2003.

［91］ 余玉苗，等．核心效用观下政府绩效审计的实施框架［J］．审计研究，2005（3）.

［92］ 俞怀风．经济责任审计中必须加强效益审计［J］．审计与理财，2008（2）.

［93］ 喻采平．国家审计效率影响因素的实证研究［J］．长沙理工大学学报（社会科学版），2010（15）：18－25.

［94］ 约翰·N. 德勒巴克，约翰·V. C. 奈．新制度经济学前沿［M］．张宇燕，等译．北京：经济科学出版社，2003.

［95］ 约翰·格林．绩效审计［M］．徐瑞康，等译．北京：中国商业出版社，1990.

［96］ 曾寿喜，刘国常．国家审计的改革与发展［M］．北京：中国时代经济出版社，2007.

［97］ 詹森，梅克林．管理行为、代理成本与所有权结构［J］．企业理论，1978.

［98］ 张炳江．层次分析法及其应用案例［M］．北京：电子工业出版社，2014.

［99］ 张曾莲．建立经济责任审计评价指标体系的构想［J］．广西财政高等专科学校学报，2005（2）.

［100］ 赵爱玲，李顺凤．地方政府债务绩效审计质量控制评价指标体系研究［J］．西安财经学院学报，2015（4）：34－38.

［101］ 赵大海，牟林，宋庆鑫，等．地方政府专项债券项目全周期绩效评价管理的探讨［J］．中国财政，2022（4）：34－39.

［102］ 浙江省审计学会课题组．开展我国环境审计的构想［M］．北京：中国时代经济出版社，2004.

［103］ 郑石桥．制度审计［M］．北京：中国人民大学出版社，2018.

［104］ 中国审计署审计科研所．以关键性指标为基础的绩效评价体系［J］．国外审计动态，2008（7）：2－6.

［105］ 周三多．管理学［M］．上海：复旦大学出版社，2003.

[106] 周志忍．我国政府绩效管理研究的回顾与反思 [J]．公共行政评论，2009 (1)．

[107] 朱小平，叶友，傅黎瑛．中美国家审计绩效衡量指标体系比较研究 [J]．审计与经济研究，2004 (5)：2－4．